AF346688

L'ŒUVRE
D'UN POÈTE DE VINGT ANS

# LIMOELAN

DRAME EN 4 ACTES

PAR

# XAVIER LENDORMY

ELÈVE ASPIRANT D'INFANTERIE

MORT POUR LA FRANCE

LE 18 MARS 1915

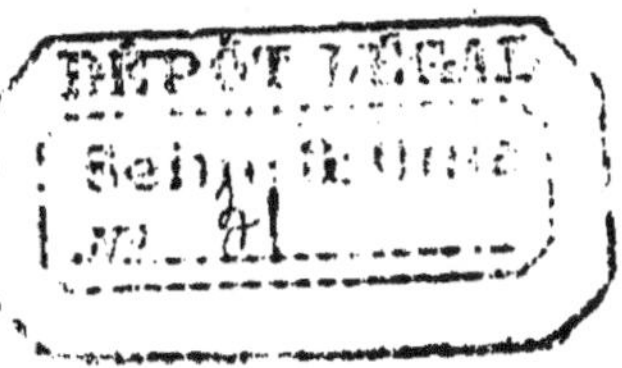

*Tous droits expressément réservés.*

# LIMOELAN

## L'ŒUVRE
## D'UN POÈTE DE VINGT ANS

❦

# LIMOELAN

### DRAME EN 4 ACTES

PAR

# XAVIER LENDORMY

### ELÈVE ASPIRANT D'INFANTERIE

MORT POUR LA FRANCE

LE 18 MARS 1915

*Tous droits expressément réservés.*

PERSONNAGES

LIMOELAN
JEAN-LOUIS.
CADOUDAL.
PIERRE CROSQUER.
CARBON.
St-RÉJEANT.
Maitre GASPARD.
Un Officier.
Un Agent de Police.
Loïc.
Brigadier de Gendarmerie.
Un Homme.
Gendarmes. — Foule.

ANNE-MARIE.
Mme De DAUCOURT.
Mme LIMOELAN.
ANNETTE.
Une Servante

*(La Scène se passe en l'Année 1800.)*

---

# LIMOELAN

## PREMIER ACTE : COMPLOTS

En Bretagne, dans une chaumière. Septembre 1800. Chaumière bretonne. Lit. Armoire sur la droite. Table massive avec deux bancs au milieu de la pièce. Grande cheminée dans le fond à gauche. Sur le devant, dressoir avec plats et pots d'étain, de cuivre et de porcelaine décorée. Aux poutres du plafond, objets divers : bottes d'oignons, cages d'oiseaux. Porte au fond sur le dehors. Porte à gauche sur la maison. Fenêtre au fond à droite. C'est le matin d'un beau jour d'automne. Au lever du rideau, Pierre Crosquer est seul près de la cheminée, occupé à raccommoder des filets. Moment de silence, puis entre un homme, costume de paysan.

### SCÈNE PREMIERE

#### PIERRE CROSQUER, *puis* LIMOELAN

*(L'homme tendant une lettre à Pierre Crosquer).*

Une lettre pour vous Monsieur Crosquer *(il sort).*

PIERRE CROSQUER *(parcourant la lettre)*

Encore

Un manifeste ainsi qu'on en voit tant éclore

Sous la plume vibrant aux mains de Cadoudal.

*(Jetant la lettre sur la table et reprenant son travail)*

Mais le parti n'a plus aucun ressort moral.

*(La porte s'ouvre à nouveau doucement) (Pierre se retour-*
*nant au bruit)*

Monsieur Limoelan !

LIMOELAN

C'est moi.

PIERRE CROSQUER

                            Quelle imprudence
Que Monsieur Cadoudal, voulant tenter la chance,
Vous donne rendez-vous, ainsi, dans ma maison !
Il ne veut obéir jamais à la raison !
Pourtant le pays est, du moins en apparence,
Soumis à Bonaparte. On sent l'indifférence
Grandir en ce pays royaliste autrefois :
Et quand me promenant dans ces tragiques bois
Témoins de nos combats, victoires et défaites,
Je vois les paysans, sur les cendres qu'ont faites
Les sauvages soldats des Bleus, se rebâtir
Des chaumines, contents, sans paraître pâtir
Je sens bouillir en moi mon sang de royaliste !
Il est vrai que ces gens ayant vu, sur la liste
Des condamnés à mort porter tous leurs amis
Qui semblaient protester ou se plaindre, ils ont mis
A part leur idéal et paraissent admettre,
Tout en le détestant, le Consul. Mais c'est mettre

Sa tête à l'échafaud que rentrer aujourd'hui
Lorsque l'on est suspect au point où l'est celui
Qui vous donna chez moi ce rendez-vous, pour faire
Quelque nouveau projet dans ce lieu solitaire.
Il risque là, Monsieur, la mort, ni plus ni moins.

LIMOELAN

Faut-il donc pour sa vie avoir de si grands soins ?
S'il risque de mourir j'envie alors sa place
Au lieu de vivre pour souffrir quoique je fasse !
Pourquoi donc repousser et craindre ainsi la mort ?
Elle est, à mon avis, le terme de l'effort
Le jour où, sans terreur, le juste considère
Son Dieu ; car Dieu lui dit avec bonté : « Sur terre
Tu peinas, tu souffris pour moi, sois donc heureux ;
Ne crains rien et prends rang parmi les bienheureux. »

PIERRE CROSQUER *(hochant la tête)*.

Sans doute on dit cela ! Mais quelque chose pousse
A déjouer la mort ; au fond, la vie est douce !

LIMOELAN

Elle est douce pour toi, peut-être, mon ami.
Pour toi, parce qu'à toi l'existence a souri
Et que, ton idéal étant simple et facile,
L'ayant réalisé tu peux vivre tranquille.
Mais pour moi qui poursuis un but trop élevé
Et le vois s'éloigner, moi puis-je être attaché
A la vie où je n'ai puisé que des souffrances ?
Sur la terre, placer très haut ses espérances

C'est risquer la souffrance et bien souvent la mort.
Vois l'homme légendaire au cœur puéril et fort
Dont l'idéal était d'obtenir la capture
D'un rayon de soleil brillant sur la nature.
Ce désir ? Il mourut de le voir échouer ;
Je lui ressemble au fond. S'il me faut l'avouer
Ce rayon d'éclatante et tiède lumière
Est un rayon d'amour, mais l'aimée est de pierre.


PIERRE CROSQUER

Je ne vous comprends pas.


LIMOELAN

                    Je vais tout t'exposer.
En parlant, mon esprit va pouvoir s'apaiser.
Puis, nul n'entendra plus les malheurs de ma vie.


PIERRE CROSQUER

Parlez, pour contenter enfin ma juste envie.


LIMOELAN

J'eus une enfance douce, exempte de douleur ;
Mon père, aisé bourgeois, riche par son labeur,
Habitait près d'ici, dans un bourg de Bretagne.
A l'âge de sept ans, je quittais la campagne,
Le commerce attirant mon père vers Paris.
Dans le centre, un logis dut par nous être pris,
Et, naturellement, nous fîmes connaissance
Avec nos voisins. Bien que de noble naissance

Ils furent promptement nos intimes amis ;
De sorte que, garçon rangé, sage et soumis
Je trouvais, pour jouer dans la noble demeure
Une compagne qui fut vite la meilleure.
Ensemble nous avons eu là de doux moments :
Des disputes, des jeux, de petits dévoûments,
Qui font de la fillette un soldat d'épopée
Ou rendent le garçon père de la poupée !...
A douze ans j'entrai dans un collège lointain
Puis, le cerveau rempli d'un savoir sec et vain,
Je m'en fus à Brienne afin d'être officier :
La République m'y fit seule renoncer
Mais, dans le dur labeur de ces jours d'espérance
J'avais bien oublié ma compagne d'enfance
Ou la voyais (car on croit toujours seul grandir)
Enfant et sa poupée aux bras pour l'endormir.
Or, revenant un jour de Paris en Bretagne
Je rencontrai, non loin d'ici, dans la campagne
Deux femmes qui fuyaient vers le sol étranger
Et que je crus devoir à tout prix protéger.


PIERRE CROSQUER *(vivement)*

Vos voisins d'autrefois ?

LIMOELAN *(continuant)*

      Justement. Ma surprise
Fut grande en retrouvant sous cette pauvre mise
Les anciens châtelains. Mais j'eus un choc au cœur
En voyant transformé le bel enfant moqueur
En cette délicate et fine jeune fille.
Les malheurs de sa vie et ceux de sa famille

Avaient mis sur son front une ombre, presque un pli
Qui la paraient encor. Par la stupeur rempli
Je n'osais l'appeler par son nom de baptême
Ni la tutoyer ; Quand (ô paroles que j'aime)
Elle dit souriante : « Eh ! Vous ne voyez pas
Celle qui prit, enfant, avec vous ses ébats ?
Pourtant vous étiez bon père de mes poupées
Et les victoires, sur vos traces soulevées,
Vous suivaient comme vous dirigiez sans souci
Nos soldats de carton !... » Son père avait péri
Sur l'échafaud ; son frère, en luttant pour son prince
Quittant l'abri trompeur d'un château de province
Se voyant menacer de la mort à leur tour.
Elles avaient dû fuir sans espoir de retour.
Je les vis chancelant de faim et de misère
Et ne sachant comment atteindre l'Angleterre :
Mais je les rassurai, courus chez un pêcheur,
Qui m'est tout dévoué. Ce brave serviteur
Voulut bien essayer la rude traversée.


PIERRE CROSQUER *(l'interrompant)*

Donc la bataille qui, dans ce lieu s'est passée
Et qui vous rend célèbre en tout notre parti
Sa cause est l'amour que vous aviez ressenti !

*(Prenant la lettre qu'il avait jetée sur la table)*

Mais Cadoudal vous croit un soldat héroïque ;
Il vous pose en modèle en sa feuille publique.
Voyez ce morceau fait pour nous encourager :
« Je parle d'un jeune homme, un ancien officier
« C'est par de tels soldats que lorsqu'un parti tombe
« Il peut rester très fier, et le front haut, succombe

« Sans qu'en sa chute il ait laissé de son honneur.
« Ce serait sans tristesse et presque avec bonheur
« Que je vous laisserais aujourd'hui vous soumettre
« Si chacun avait fait l'acte que je vais mettre
« Sous vos yeux, livrer à votre admiration
« Depuis quatre ans durait la Révolution ;
« Déjà nous n'avions plus un pouce de campagne ;
« Or, dans un petit port éloigné, de Bretagne,
« Limoëlan, avec dix compagnons cerné,
« Fit jurer que chacun serait exterminé
« Plutôt que de se rendre. Ils tinrent leur promesse.
« Le flux voit le début du combat ; la mer baisse
« Ils tiennent tête encore à cent Bleus, deux canons.
« Enfin, seul survivant, parmi les goemons
« Limoëlan blessé s'éloigna du rivage ;
« Par un suprême effort, il joignit à la nage
« Une terre qui pût l'accueillir et soigner... »

LIMOELAN *(l'interrompant, rêveur)*

Et voilà ! Dans l'histoire on va me désigner
Comme un noble héros mourant pour sa patrie
Alors que j'ai lutté d'une telle furie
Parce que j'aimais et que je l'aime encor.
Ainsi qu'un cerf aux bois, affolé par le cor
Attire les chasseurs et longtemps leur tient tête,
Pour que puissent les siens s'enfuir pendant la fête.
Ainsi, ce jour terrible où j'ai frôlé la mort,
Je perdis vingt soldats pour défendre ce port
Et parti seulement quand, sur la nappe verte,
Sans risquer à présent de se voir découverte
Eût fui la voile blanche à l'extrême horizon
Cause de ce combat dont rit l'humble raison !

PIERRE CROSQUER *(souriant)*

Vous êtes comme ces guerriers chimériques
Qui luttaient ardemment dans des tournois épiques
Pour que leur amante eût, les voyant, froid au cœur
Tout en admirant fort leur farouche valeur !
Mais pourquoi voulez-vous mourir si cette dame
A su se faire aimer ?

LIMOELAN *(vivement)*

   Pourquoi ? C'est que ma flamme
Ne s'est jamais, jamais vu payer de retour
Plût au Ciel qu'en luttant en ce terrible jour ·
Je sois mort, croyant que mon tragique fait d'armes
Aurait tiré des yeux de ma belle des larmes !...
Maintenant je ne suis, hélas ! que trop certain
Qu'elle m'oublie, en ce pays presque lointain.
Aussi, quoi donc pourrait m'attacher à la vie ?
La cause du Roi ? Non, car malgré mon envie
De le voir rétabli, je sais bien qu'aujourd'hui
Sa place est pour longtemps acquise par celui
Qui sut par la victoire enthousiasmer la France.
Il n'est plus en mon âme une seule espérance.
Et, trouvant lâche de me tuer de ma main,
Je voudrais presque avoir l'occasion, demain,
D'être sacrifié pour une noble cause
Et de mourir, héros, dans une belle pose.

(CADOUDAL *arrive par le fond.* — PIERRE CROSQUER *sort
discrètement)*

## SCÈNE II

### LIMOÈLAN  CADOUDAL

#### CADOUDAL

Ah ! votre main Monsieur m'est bien douce à serrer :
Si chacun avait su vouloir se consacrer
Autant que vous à notre idéal monarchique
Nous ne serions pas là... Mais il faut que j'explique
Pourquoi je vous donnai rendez-vous dans ces lieux.
Avant, je vous dois des compliments chaleureux
Car vous méritez bien que je vous félicite :
Ces compliments, pour moi, ne sont jamais un rite
Je les prodigue peu, n'en donne qu'à bon droit.
Mais à vous, aujourd'hui j'estime qu'on en doit :
Votre courage fut certe extraordinaire.

#### LIMOÈLAN

Eh ! non ! Ce que j'ai fait chacun pourrait le faire.

#### CADOUDAL

C'est être trop modeste ! Et je veux vous prouver
En vous faisant courir un autre grand danger
La confiance dont, vous seul, je vous honore...

*(Après un court moment de silence)*

Malgré les déserteurs, une fois, une encore

Je veux essayer de rétablir notre roi...
Le Consul doit mourir ! Et, dans le désarroi,
Nous ferons bien après ce que nous voudrons faire.
Nous devons préparer tout sans bruit, et nous taire
On vous fabriquera quelque engin meurtrier
Qui, lorsqu'il passera sur son blanc destrier
Détruira le Consul, et sans laisser de trace.
Plus tard on vous dira le jour fixé, la place
Où je réclamerai votre intervention
Tel est donc mon projet ; et ma conviction
Est qu'il réussira, toutefois je vous laisse
Libre de votre choix. Je vous fais la promesse
Que vous ne sentirez jamais mon déplaisir
Mais ne comptez pas sur moi pour vous soutenir
Pour vous encourager vous louer et vous plaindre.
Vous disposez encor de vous, et sans rien craindre,
Avez droit de choisir. Si donc vous refusez
Vous êtes libre ainsi qu'avant et ne serez
Pas l'objet de ma haine : acceptez, au contraire,
Et vous n'existez plus, comme être pouvant faire
Ce qu'il lui plaît, avoir ses chagrins, ses douleurs
Et pouvant être plaint, aidé dans ses malheurs.
Tu deviens instrument et tu n'es plus un homme,
Tu n'es qu'un vil outil, une bête de somme
Le bris de cet outil ? Événement bien nul
Si l'ouvrier, voyant confirmé son calcul
A fait, malgré ce bris, réussir l'entreprise...
Je suis franc : à présent, sans crainte de surprise...
Vous pouvez aujourd'hui votre avenir régler...

*(Moment de silence. — PIERRE CROSQUER entre brusque-*
*ment au fond)*

## SCÈNE III

### LES MÊMES, PIERRE CROSQUER

PIERRE CROSQUER

Un bâtiment anglais, semble vers nous cingler ;
J'en suis fort étonné, car, à ma connaissance,
Jamais, appartenant à cette puissance
Un bateau n'est venu dans notre petit port.

LIMOELAN *(pris d'une idée subite)*

Si c'était elle ?...

CADOUDAL

Vous semblez hésiter fort ?

LIMOELAN *(se reprenant)*

Non, ce n'est pas possible !

CADOUDAL

Eh bien ?

LIMOELAN *(comme sortant d'un rêve)*

Quoi ? Mais j'accepte
Mon hésitation vous a semblé suspecte ?

Excusez, je croyais vous avoir répondu
Et je jugeais que tout était déjà conclu.


CADOUDAL

J'eus donc raison de vous choisir avant tout autre
Puisque vous avez fait passer avant le vôtre
L'intérêt du Roi.


LIMOELAN

      Soit ! J'accepte mon trépas,
Mais vous, dans ce complot, vous n'agirez donc pas ?

CADOUDAL *(avec mélancolie)*

Ah ! Si je n'agis pas moi-même en cette affaire,
Si je dois rechercher un autre pour la faire,
C'est que, depuis dix ans, j'ai trop souvent tenté,
De rétablir le roi. Dès que j'aurais sauté
Hors de la diligence, un homme de police
M'arrêterait pour me livrer à la justice.
En effet, maintenant que ce Consul maudit
Possède le pouvoir il n'est plus de proscrit
A Paris, la police autrefois méprisée
Est aujourd'hui sagace et bien organisée.
Vous devrez vous montrer et prudent et rusé
Car, atteindre le but est, certes, malaisé ;
Agissez donc le mieux qu'il vous sera possible ;
Je dois rester caché, bien qu'il me soit pénible
De ne pouvoir pas prendre une part au complot,
Que, dans le sacrifice au Roi, ce soit mon lot.
Vous avez tous pouvoirs !

LIMOELAN

A la fin de l'automne
Vous pourrez vous montrer enfin devant le trône
Du légitime Roi...

CADOUDAL *(ému)*

C'est le vœu que je fais !
Il me faut vous quitter aussitôt, car je sais
Qu'on me recherche et qu'on est même sur ma trace,
Si la police vient chercher en cette place
Sachez-la retenir, du moins assez longtemps
Pour que de m'éloigner je puisse avoir le temps.

*(Il sort)*

LIMOELAN *à* PIERRE CROSQUER *(avec une douloureuse
ironie)*

Eh bien ! Voici mon vœu réalisé je pense.
Je puis mourir et vois combler mon espérance...


SCÈNE IV


LIMOELAN, PIERRE CROSQUER, Mme DE DAUCOURT
ANNE-MARIE, JEAN-LOUIS, LOIC

ANNE-MARIE

Quel bonheur, Monsieur le Chevalier, de pouvoir
Remercier enfin ! Quel bonheur de vous voir

Le premier en rentrant sur la terre de France
Ainsi qu'avez été, dans la terrible transe
Du départ, le dernier des êtres que je vis.

*(Pierre Crosquer et Loïc sortent discrètement par le fond)*

ANNE-MARIE

Aussi ne niez plus, allez, j'ai tout compris ;
Si vous avez lutté quand je prenais la fuite
C'était, non pour le roi, mais bien pour nous. Ensuite,
Si sur le sol anglais rien ne nous a manqué
C'est qu'à ce serviteur vous aviez bien marqué
Qu'il eut à nous défendre en toutes nos détresses.

*(Sur un signe d'Anne-Marie Jean-Louis sort à son tour)*

LIMOELAN *(se défendant)*

Je vous assure...

ANNE-MARIE *(l'arrêtant)*

              Oh non ! pas de vaines promesses,
Car je sais tout et j'ai de bons renseignements :
J'ai deviné partie, et, malgré ses serments
Ce brave serviteur a fini par me dire
Ce que vous avez fait et voulez contredire.

LIMOELAN *(sans prendre attention à ces paroles)*

Quand on aime quelqu'un...

ANNE-MARIE *(l'interrompant)*

              Voilà ! J'ai réfléchi ;
J'ai souffert d'être ingrate, aujourd'hui c'est fini

Car je peux m'acquitter de façon acceptable :
Ma mère a sa part dans ce projet admirable.
Je ne puis acquitter par un remercîment
Ma dette, encore moins par des sommes d'argent
Alors, je me suis dit que, pour risquer sa vie
Comme vous l'avez fait, il faut bien grande envie
Des souhaits de quelqu'un ; il faut être amoureux...

*(Geste de surprise de Limoëlan.)*

Ne vous récriez pas, car je vous veux heureux.
Ayant risqué pour moi la vie et la jeunesse
Voulez-vous accepter la mienne et ma tendresse ?...

LIMOELAN *(s'avançant vers* ANNE-MARIE *puis s'arrêtant
soudain)*

 *(à part)*      *(à Anne-Marie)*

Ah non ! Je ne dois pas ! Vous avez exprimé
Juste ce que je sens ; vous avez supprimé
Votre dette envers moi par la même, Mesdames
Mais il faut renoncer à joindre nos deux âmes :
Croyez-moi quand je dis que j'en suis déchiré.

M^me DE DAUCOURT

Mais si ce mariage est par vous désiré
Pourquoi le refuser, offert avec franchise

LIMOELAN

Une conformité de fortune est requise

Entre les jeunes gens qui veulent s'épouser.
Vous avez la richesse et je dois m'excuser
De n'avoir plus, Madame, un louis dans ma poche.

ANNE-MARIE

Que cela ne soit pas, Monsieur une anicroche
Je ne suis pas riche, ou plutôt ne le suis plus,
Car nos biens confisqués sont sans doute vendus.

LIMOELAN

Il est un autre obstacle et plus sérieux même
Qui va vous empêcher de permettre que j'aime
Vous êtes de noblesse et je n'ai pas de nom !

ANNE-MARIE

La noblesse ! Ah ! Monsieur, quel fragile renom !
Parce que vos aïeux vous laissent un vain titre,
Vous êtes noble, bien que souvent un bélitre.
Vous pouvez être un lâche, avoir fui le combat ;
Fréquenter de ces lieux que la débauche bat ;
Ce nom, vous avez pû le traîner dans la boue
Vous êtes souvent homme à mériter la roue,
Qu'importe ! On dit de vous : « Oh lui c'est un grand nom,
« Il fait remonter ses aïeux à Jean le Bon ! »
Eh bien non, ce n'est pas là, Monsieur, la noblesse
Et celle dont se doit occuper ma tendresse.
La noblesse, c'est vous qui l'avez sur le front :
Celle qui souffre un nom obscur mais sans affront,
La noblesse qui vient d'un simple et grand courage
D'un esprit élevé, d'un cœur franc, juste et sage

Qui vient de tout malheur en chrétien supporté,
D'un idéal altier et toujours respecté
Placé dans des projets humains et raisonnables,
La noblesse qui vient de mœurs irréprochables ;
Celle-là je la veux, l'exige en mon époux,
Osez donc proclamer qu'elle n'est pas chez vous ?...


LIMOELAN *(ému)*

Je voudrais que puissiez voir à quel point j'admire
Ce que vous avez dit et que vous puissiez lire
Dans mon cœur pour m'y voir en tout de votre avis.
Mais je ne peux vraiment vous épouser : je vis
En proscrit, en soldat, toujours dans la campagne.
Puis, bien que le Consul sans cesse attire et gagne
De nouveaux cœurs français je ne peux fuir le Roi.
Héroïsme ou folie ? En tous cas c'est ma loi.
Est-il possible alors, sincèrement, Madame,
Que je sois votre époux, que vous soyez ma femme
Quand on peut me jeter demain dans un cachot
Quand on peut m'envoyer demain sur l'échafaud,
Quand vous pouvez enfin fort bien devenir veuve
Avant que vous m'ayez épousé.


ANNE-MARIE

                    C'est la preuve
          De votre amour du Roi, de votre loyauté,
De votre intense foi dans le but projeté
Qu'en parlant vous donnez. Ce serait un obstacle ?
Non ! Croyez que jamais vous n'aurez le spectacle
D'une femme arrêtant au cours de son devoir
L'époux qu'elle chérit, si vous croyez pouvoir

Rétablir notre Roi par quelque coup d'audace
Mon amour conjugal saura laisser la place
A l'amour du pays, et, si vous préférez
Me cacher vos projets quelque jour, vous verrez
Que je ne ferai pas de demande indiscrète,
Que mon anxiété saura rester secrète
En vous voyant partir pour un risque inconnu.

LIMOELAN *(ne pouvant se contenir davantage)*

Ah ! Je dois cette fois me déclarer vaincu ;
Ce que j'ai dit, c'est par scrupule de conscience
Mais cela ne vient pas de mon indifférence
C'est par un grand effort qu'ainsi j'ai dû parler.
Ces obstacles qu'il m'a fallu vous signaler,
J'espérais bien vous voir, en nier l'importance.
Par la bonté de la divine Providence
Vous ressentez pour moi, dites-vous, de l'amour ?
Je peux donc avouer que depuis ce beau jour
Où j'ai risqué ma vie en défendant la vôtre,
Je pense à vous ainsi que ne pense à nul autre
Vous peuplez de bonheur mon sommeil chaque nuit ;
Puis, quand vient le réveil et que le soleil luit
Votre image encor vient, presque à chaque minute,
M'aider et me guider dans la terrible lutte
Qu'est le devoir. Pour vous, je me dis chaque jour :
« Tâchons de devenir digne de son amour,
Je veux être aujourd'hui plus parfait que la veille. »
Vous êtes l'ange aimé qui me guide et conseille.
Je n'ose m'avouer digne de si beaux liens.

MADAME DE DAUCOURT *(émue)*

Si vous la méritez ; et grands époux chrétiens

Vivrez longtemps bénis du Dieu de la Justice
Remercions ce Dieu qu'aujourd'hui s'accomplisse
Le vœu que formulait mon amour maternel.
Je tremblais (car nul n'est ici-bas éternel)
De laisser au moment où le vice fourmille,
Seule et sans nul appui ma malheureuse fille.
Mais aujourd'hui je peux m'éteindre sans souci
Car je sais mon enfant en bonnes mains.

LIMOELAN *(touché)*

Merci !

MADAME DE DAUCOURT

Mais, si j'admire fort votre ardeur, juvénile,
Ne la dépensez pas de façon inutile.
L'époux que plus que tout sur terre j'ai chéri,
Le fils que j'ai porté dans mon sein et nourri
Sont morts, morts pour le roi de terrible manière
Sans même que j'aie eu cette douceur dernière
D'aller parer leur tombe et prier... C'est fort bien !
De ces jours de douleur je ne regrette rien.
Mais mon enfant est jeune et n'a plus de famille ;
Aussi promettez-moi de ne quitter ma fille
Risquant votre avenir pour la France et le Roi
Qu'en un cas sérieux dans lequel ayez foi.

*(Coups de sifflet au dehors.)*

## SCÈNE VI

### LES MÊMES, JEAN-LOUIS, PIERRE CROSQUER

PIERRE CROSQUER *(entrant affolé)*

Grand Dieu ! c'est le sifflet des agents de police !
On vient peut être vous livrer à la justice.

*(Voix au dehors.)*

Qu'on cerne la maison et qu'on batte le bois !

PIERRE CROSQUER *(atterré)*

Les gendarmes sont là ! Que faire cette fois ?
Vous êtes pris, Monsieur, sûrement !

LIMOELAN *(très calme)*

      Sois tranquille
Car j'ai d'ici Paris vingt personnes, cent, mille
Prêtes à me servir sur la route ou sauver.
N'est-ce pas Jean-Louis ?

JEAN-LOUIS *(riant)*

      Moi, je vais m'amuser
Follement.

LIMOELAN

Maintenant laisse-nous, brave Pierre ;
Je ne veux pas que mon séjour en ta chaumière
Te fasse quelque mal. Je te remets le sort
De ces dames.

PIERRE CROSQUER

C'est bien Monsieur je me fais fort
De les conduire jusqu'à la route prochaine ;
Et de se cacher point ne faut se mettre en peine
Car on n'arrête plus les femmes aujourd'hui :

ANNE-MARIE *(vivement à Pierre Crosquer)*

Tu fais ce qu'il t'ordonne et tu le laisses, lui ?
Éloigne-toi donc ! Moi je reste en ta demeure
S'il est pris, qu'on m'arrête et s'il meurt, que je meure.

*(Coups violents frappés à la porte.)*

LIMOELAN

Ah non ! Pas de folie et partez, je le veux ;
Seul, je puis m'évader ; avec vous je ne peux.

JEAN-LOUIS *à* ANNE-MARIE

D'ailleurs, croyez qu'il peut s'enfuir sans nulle peine.
Nous sommes en novembre, eh bien je vous ramène
Si vous le permettez, la veille de Noel,
Votre fiancé pour un dîner solennel.

*(Nouveaux coups, la porte cède et s'ouvre brusquement.)*

## SCÈNE VI

### LES MÊMES, UN BRIGADIER, DES GENDARMES

JEAN-LOUIS *(ironiquement au Brigadier)*

Entrez, je vous en prie, asseyez-vous gendarmes.

LE BRIGADIER *(l'écartant, à ses hommes)*

Rangez-vous près du mur et conservez vos armes
*(Aux assistants)* Cadoudal ?

LIMOELAN *(simplement)*

Le voici.

LE BRIGADIER

Bien ! Au nom de la loi
Je vous arrête !

*(Deux gendarmes enchaînent Limoëlan et l'encadrent.)*

LIMOELAN *(à part)*

Ainsi l'autre fuira je crois.

ANNE-MARIE *(stupéfaite)*

Pourquoi dit-il ?... Ah ! ne croyez pas ses paroles

LE BRIGADIER *(sceptique)*

Parbleu ! Votre rôle est de protéger ses jours.
Le mari pour sa femme est innocent toujours.
Mais vous voulez en vain que je prenne le change,
Eh, bien que vous soyez aussi belle qu'un ange
Ne m'enpêcherez pas de faire mon devoir.
Allons, quittez ce lieu, car il faut que ce soir
Cadoudal soit logé dans la prison de Rennes
Et c'est grâce au Consul qu'on ne met plus de chaînes
Qu'aux seules mains de l'homme et qu'on n'arrête plus
Les femmes... Je suis moins terrible que ne fus.

*(A ses hommes)* Allons emmenez-le.

ANNE-MARIE *(à Limoëlan, avec désespoir :)*

       Non, je vous en supplie !
Jurez que vous n'avez dit là qu'une folie !
Au nom de notre amour éloignez ces soldats !
Quoi ! C'est dans la prison et les honteux débats
Que vous allez traîner notre amour ?...

LIMOELAN *(la relevant doucement)*

       Non, je jure
Que bientôt prendra fin cette triste aventure.

LE BRIGADIER *(ricanant à ses hommes)*

Certes, il sera je crois peu de temps au cachot
Et montera sans plus tarder sur l'échafaud

LIMOELAN *(à Mme de Daucourt)*

Partez, car je faiblis et contre elle en vain, m'arme ;
Épargnez-lui la main brutale du gendarme.
Au revoir, mon amante, ayez espoir, adieu.
Et nous nous reverrons bientôt.


M<sup>me</sup> DE DAUCOURT *(tristement)*

S'il plaît à Dieu !

*(Les Gendarmes entraînent les prisonniers,
la toile tombe).*

## DEUXIÉME ACTE : ESPOIRS

A Paris. Un salon bourgeois, 23 décembre 1800. Le Salon est très sommairement meublé. Aucun luxe. On sent que les émigrés sont rentrés depuis peu. Ameublement Louis XVI. A droite clavecin. avec de la musique éparse. Au fond cheminée où brûle un feu de bois Au milieu de la pièce, une table sur laquelle est posée une lampe allumée. Portes à droite et à gauche de la cheminée. Il est neuf heures du soir.

## SCÈNE PREMIÈRE

### M^me DE DAUCOURT. — ANNE-MARIE

*(Elles sont assises devant la table, Mme de Daucourt brode et Anne-Marie travaille sur un métier à tapisserie placé devant elle. Moment de silence. On entend sonner neuf heures).*

ANNE-MARIE

Ah ! Qu'il est doux après un voyage tragique
De retrouver enfin son foyer domestique !

M<sup>me</sup> DE DAUCOURT *(avec une douce mélancolie)*

Certes ! Bien que ces murs semblent avoir gardé
Le triste souvenir, dans mon esprit gravé,
Du jour, où survenant dans ce lieu hors d'haleine,
Un serviteur tombant de fatigue et de peine
Vint m'annoncer la mort d'un fils et d'un époux.
Cependant, revenir dans ce salon m'est doux :
Car, depuis bien longtemps, là vit notre famille
Et, comme des oiseaux retrouvant la charmille
Où fut construit leur nid le précédent printemps,
Oublient les périls courus par mauvais temps,
Ainsi s'effacera sous l'action très lente
Du temps, dans ce logis paisible où souvent chante
Plus d'un doux souvenir de notre heureux passé,
Le rude moment que nous avons traversé.

*(Moment de silence).*


ANNE-MARIE *(timidement)*


Monsieur Limoëlan tiendra-t-il sa promesse,
Et va-t-il venir ?


M<sup>me</sup> DE DAUCOURT *(vivement)*


Il ne faut pas que je laisse
S'ancrer dans ton esprit un aussi fol espoir ;
Car, comment pourrait-il venir ici ce soir
Alors qu'on l'a jeté dans la prison de Rennes ?
Non ! Il ne peut vraiment avoir brisé ses chaînes.
Il serait enfantin de faire attention
Aux mots insignifiants de consolation

Que, pour nous éloigner, décider à la fuite
Jean-Louis nous a dit. Ces mots seront sans suite.


ANNE-MARIE *(sans lever les yeux de sa tapisserie)*

Eh ! Jean-Louis est homme à faire ce qu'il dit ;
Et pour sauver son chef, nul doute qu'il ourdit
Cent complots, s'il le faut. Puis sa coquetterie
Est d'accomplir toujours les choses qu'il parie.
Il dut risquer la mort pour faire que, ce soir,
Monsieur Limoëlan puisse venir nous voir.
Enfin, vous le savez, aux dernières nouvelles,
Si nous avons appris que, dans les citadelles,
On tenait enfermé Monsieur Limoëlan,
On nous dit aussi que, par quelque fol élan,
Jean-Louis avait pu rompre la surveillance
De l'escorte et s'enfuir... Pour son maître, je pense
Avant qu'on ait gagné, de Rennes, la prison ;
D'ailleurs on l'arrêta, sans aucune raison :
On cherchait Cadoudal et pas du tout lui-même ;
Il suffit qu'il prouva son nom pour qu'on l'emmène
Hors de prison.


M<sup>me</sup> DE DAUCOURT

Ah ! non tu le connais bien peu.
Lui, pour sauver son chef, traverserait le feu.
Il n'aura pas livré son nom pour être libre ;
On peut dire qu'en lui toute passion vibre,
Et pour laisser s'enfuir Monsieur de Cadoudal
Il dut laisser peser sur lui ce nom fatal.
Vois, ton espoir n'est point partagé par sa mère ;
Et qui plus follement qu'une maman espère ?

ANNE-MARIE *(avec passion sans lever les yeux)*

Une amante !

M^me DE DAUCOURT *(renonçant à la convaincre et haussant les épaules)*

Enfin !

*(Moment de silence pendant lequel elles restent plongées dans leurs réflexions en s'arrêtant de coudre).*

M^me DE DAUCOURT *(relevant la tête)*

Sa mère a dit que, ce soir,
Elle viendrait ici pour causer et nous voir.
Préparons un tric-trac : c'est, je crois, sa manie.

*(Comme elle se lève pour prendre le tric-trac, sur une table à gauche. Limoëlan entre par la porte de droite. Il est en tenue de voyage. Vêtements sombres, la culotte prise dans de hautes bottes éperonnées tachées de boue. Il paraît radieux).*


## SCÈNE II


LES MÊMES. — LIMOËLAN


M^me DE DAUCOURT *(se retournant)*

Monsieur Limoëlan !

ANNE-MARIE *(avec un cri de joie)*

Ah ! minute bénie !

*(Limoëlan salue Mme de Daucourt et baise longuement
la main d'Anne-Marie).*


ANNE-MARIE *(d'un air de triomphe à sa mère)*

Ah ! Vous voyez, ma mère, avais-je pas raison ?


M<sup>me</sup> DE DAUCOURT

Vous avez donc pu fuir, Monsieur, votre prison ?


ANNE-MARIE

Votre nom seul, d'ailleurs, a dû briser vos chaînes.


LIMOELAN

C'était des geoliers diminuer les peines.
Non, j'ai fui conservant le nom de Cadoudal :
Je rends leur embarras, par là, plus général.
Pendant que l'on se met, en hâte, à ma poursuite
Cadoudal est tranquille ; et quand, enfin, sa fuite
Sera certaine, alors, si les hommes de loi
Me prennent : « Serviteur, Cadoudal n'est pas moi ! »
Pour ma fuite, à Louis en revient le mérite.
Par ces chemins touffus, défoncés où s'abrite
Le Chouan pour tirer sur le Bleu qu'il maudit,
Notre escorte marchait ; brusquement au lieu dit
« Les trois chênes » Louis, qui connaît sa Bretagne,
Avec ses deux gardiens insensiblement gagne

Le bord du chemin, puis, tout à coup trébuchant
Il tombe en un ravin au rapide versant,
On le relève ; mais, poussant des cris de plainte :
Il dit s'être brisé la jambe. Alors, par crainte
De le voir fuir, il est lié sur un cheval ;
On repart, mais je vois, d'un geste machinal
La main de Jean-Louis s'approcher de sa poche ;
Il y prend son couteau, puis brusquement l'accroche
Dans le flanc du cheval qui rue et se cabrant
S'élance d'un galop fantastique en avant,
Défiant la poursuite, et, coupant sa ficelle,
Je voyais Jean-Louis déjà placé en selle.

M<sup>me</sup> DE DAUCOURT

Ah ! le brave garçon !

ANNE-MARIE

      Oui, mais malgré cela
Vous n'étiez pas sauvé par cette ruse-là.

LIMOELAN

J'y viens. On m'enferma dans la prison de Rennes,
Craignant ma fuite, au point de me charger de chaînes ;
Mais le rusé Louis avait compris fort bien
Que la force, en ce lieu, ne servirait de rien.
Il sut d'un domestique obtenir par adresse
Un de ces ordres de levée d'écrou que laisse
Un procureur absent, signés sur son bureau ;
Puis, s'étant affublé lui-même d'un fort beau

Vêtement d'officier, de même qu'un comparse,
Il loua, pour jouer cette tragique farce,
Une voiture. Un soir sans lune à l'horizon,
Une chaise s'arrête en face la prison.
Un officier descend, frappe, rentre et déclare,
En montrant ses papiers, qu'étant un bandit rare,
Cadoudal devait être à Paris transféré.
Il signe au registre et je suis sitôt tiré
De mon cachot ; je feins de me mettre en colère,
On me pousse dehors, on me force à me taire,
On me jette en voiture... Et me voilà !...


ANNE-MARIE *(avec passion)*

C'est vous !
Ah ! Quand chacun traitait mes chers espoirs de fous
J'ai toujours conservé dans mon cœur l'espérance
Et je vous attendais...


LIMOELAN *(ému)*

La noble confiance !
Oui, j'étais prêt à tout Anne, pour vous revoir,
Pour donner suite à vos mots d'amour et d'espoir,
Oui, j'aurais traversé la mer, toute la terre
Pour vous remercier comme je viens le faire
Et mourir à vos pieds, après, de mon bonheur...


ANNE-MARIE

Pourquoi parler ainsi, méchant, c'est faire peur.

### LIMOELAN

Mon bonheur est trop grand pour durer, il me semble.


### M<sup>me</sup> DE DAUCOURT

Non, vous serez encore longtemps heureux ensemble
Et le bonheur pour vous ne fait que commencer.
Plus le temps passe et moins il se voit menacer.
Le moment est passé de la soif sanguinaire ;
L'émigré revient, et, chose extraordinaire,
L'Église enfin, voit rendre au culte ses autels.
Demain auront lieu des services solennels.


### LIMOELAN *(évoquant ses souvenirs d'enfance)*

Veillée de Noël ! Doux souvenirs d'enfance !
Dans un tout petit bourg perdu de notre France
Notre maison était distante du lieu saint.
Les fées et démons dont on rit et qu'on craint
Étaient près du foyer évoqués par l'aïeule.
Le voisin ricanait pour ne pas sembler veule.
Les enfants comme moi veillant tard dans la nuit
Trouvaient que c'était long d'attendre ainsi minuit.
Mais nous nous raidissions pour paraître des hommes :
Devant nos yeux pesants, fées, démons et gnomes,
Évoqués par la voix douce de grand'maman
Dansaient et tournoyaient d'un diabolique élan.
Et puis le premier coup sonnait à notre église :
Vite, on frottait ses yeux, se couvrait pour la bise
Et l'on partait gaîment avec un gros lampion.
Dans l'ombre, l'on voyait les gens de la région

Qui, par groupes, gagnaient eux aussi, le village ;
Le vent âpre et glacé vous coupait le visage.
Sur la neige gelée où le sabot sonnait
De cette nappe blanche et sans tache venait,
Dans l'épaisse nuit, comme une lueur d'aile.
C'était une atmosphère éthérée et si belle
Qu'on n'en peut voir que pour la naissance d'un Dieu
Comme il y a deux mille ans, vers un semblable lieu
Venaient aussi croyants les paysans fidèles.
Puis dans la grande nef aux arceaux de dentelle,
L'orgue jetait sa voix aux accords infinis
Et, comme des oiseaux familiers et bénis,
S'envolaient de ces chœurs touchants et millénaires
Parmi l'or de l'autel, les feux des luminaires,
Cent et cent souvenirs doux, immatériels
Que chacun juge siens mais qui sont immortels.
Et, couvrant le berceau du Dieu Sauveur du monde
Semblant des angelets la séraphique ronde,
La cloche répandait son solennel accent...
Puis, l'on rentrait, songeant au repas succulent :
On trouvait une table éclatante et servie
Jusqu'à rassasier la plus gourmande envie,
On mangeait du boudin, de la dinde aux marrons...
Mais le sommeil venait clore tous ces yeux ronds.
Ce repos était plein de rêves angéliques.


ANNE-MARIE *(avec mélancolie)*


Moi, je n'ai pas connu des douceurs identiques ;
Dans les villes, Noël est beaucoup plus banal :
L'aller est un parcours rapide et machinal,
La messe est un concert de musique inondaine.

### LIMOELAN *(tendrement)*

Ne vous plaignez pas, car à la Noël prochaine,
Nous irons à la messe en mon pays natal,
Et nous ne trouverons à deux rien de banal.

### M^me DE DAUCOURT

Enfin, je disais donc, tout à l'heure, qu'on laisse
Célébrer demain soir, à minuit, une messe ;
Nous vous verrons, j'espère, à cette occasion.
Nous bénirons Dieu de la restauration
De son culte, et pourrons achever la veillée
Ensemble, en rappelant ce que cette soirée
Pieuse et recueillie évoque du passé.

*(Une domestique apporte le café. Anne-Marie le sert)*

### LIMOELAN *(à Mme de Daucourt)*

Certainement, Madame.

### M^me DE DAUCOURT

　　　　　　　　Et puis, j'avais pensé
Qu'à la veille d'unir vos deux cœurs pour la vie,
Vous seriez bien heureux dans cette nuit bénie
Après avoir connu tous les deux la douleur
D'ensemble prier Dieu pour le futur bonheur.

### LIMOELAN

C'est une délicate et très juste pensée.

*(Recevant une tasse des mains d'Anne-Marie).*

Merci *(à part)*. Par le bonheur mon âme est insensée.

Que de grâce chez ma maîtresse de maison.
En ces cent mouvements qu'on nomme avec raison
Féminins ! Rien qu'à voir sa fine silhouette
Près de moi, j'ai le cœur léger d'une alouette.

M<sup>me</sup> DE DAUCOURT

Votre mère viendra-t-elle chez nous ce soir ?

LIMOELAN

Je le crois, j'ai dit que vous désiriez la voir.
*(La domestique entrant).*
Une enfant pauvre est à la porte de la rue
Voulant des jeux promis, comme une chose dûe.

ANNE-MARIE *(à Limoëlan)*

Vous permettez ?

LIMOELAN *(s'inclinant)*
Bien sûr !

LA DOMESTIQUE
Je fais entrer ?

ANNE-MARIE
Non pas.
*(Elle sort par la porte de gauche avec sa mère).*
*(Limoëlan reste un instant seul).*

## SCÈNE III

## LIMOELAN. — JEAN-LOUIS

*( Jean-Louis entre par la porte de droite ).*

LIMOELAN *(surpris)*

Jean-Louis !

JEAN-LOUIS *(montrant le café sur la table)*

Vous avez fini ce fin repas ?

LIMOELAN *(nerveux)*

Ne plaisante donc pas toujours ainsi, sans cause.

JEAN-LOUIS

Soit, ne plaisantons pas ; eh bien ! voici la chose :
Quelqu'un envoyé par Monsieur de Cadoudal,
M'a donné ce billet, et, d'un ton guttural
M'a dit de courir vous le porter en personne.

LIMOELAN *(atterré)*

Ah ! Dieu *(Il décachète le pli et lit)*
    « Souvenez-vous voici l'heure qui sonne,

« Demain, le Consul doit se rendre à l'Opéra
« Qui rouvre au public, et, jusqu'à minuit jouera
« L'oratoire de Haydn «Création », soirée
« De Gala. Dès l'instant l'embûche est préparée :
« Du Carrousel à la ruelle Richelieu,
« La rue Saint-Nicaise est, je crois bien le lieu
« Le plus propice ; car le Consul et l'escorte
« Vont suivre ce passage irrégulier, de sorte
« Qu'ils devront ralentir leur marche et qu'un tonneau
« De poudre ou quelque engin meilleur et plus nouveau
« Aura, certes, le temps d'être enflammé, de faire
« Ses victimes, avant que l'on ait pu soustraire
« Ce Bonaparte à sa meurtrière action.
« Vous trouverez tout prêt, avec attention.
« Carbon et St-Réjeant seront rendus à l'heure
« Chez le cabaretier, qui dans ce lieu demeure. »
Quelle douleur ! Tomber d'aussi haut et si bas !


JEAN-LOUIS

Ma lettre, ainsi qu'il me paraît, ne vous plaît pas.


LIMOELAN

Pour moi, tu fus toujours un serviteur fidèle ;
Écoute et vois combien ma douleur est cruelle.
Dévoiler ses malheurs est, pour un homme fort,
Un pénible plaisir, un amer réconfort...
Le condamné, qu'attend le suprême supplice,
N'est pas à plaindre, car, avant que s'accomplisse,
Dans toute sa rigueur, son déplorable sort,
Il sait ce qui l'attend, se prépare à la mort

Et pour toujours renonce au plaisir de la vie.
Dans l'état où je suis, cet homme... je l'envie !
Au contraire, avoir plus de cent fois, sans trembler
Affronté pour son roi, son pays, le danger ;
Sacrifiant ses jours, son bonheur pour la France
Mais conservant toujours dans son cœur l'espérance
Et, lorsque vient enfin le jour tant attendu,
Lorsque l'on va saisir ce plaisir vraiment dû,
Se le voir arracher des mains, au moment même...
C'est là le vrai tourment ; là la souffrance extrême
Et que seul, j'ose dire, un héros peut souffrir
Muet et souriant, sans pourtant en mourir !


JEAN-LOUIS *(à part)*

Ah ! Je devine enfin !


LIMOELAN

       Eh bien ! cette souffrance
Est celle que j'endure ; et, sombre malechance,
C'est quand je vais enfin jouir du vrai bonheur
Qu'il me faut accepter ou mort ou déshonneur.
Ah ! Tu ne peux savoir combien est plus pénible
La douleur qui vient rompre un bonheur indiscible.
Plus l'on tombe de haut et plus l'on se fait mal.
Sur la demande de Monsieur de Cadoudal,
N'ayant nul avenir, j'acceptai l'entreprise ;
Depuis Anne-Marie aime et s'avoue éprise ;
Et, quand bravant tout, je viens la joindre en ces lieux,
Comme une note fausse en un chant harmonieux
Tu brises l'avenir d'éternelles délices...

*(Il ne peut achever et se cache la tête dans ses mains).*

### JEAN-LOUIS *(ému)*

...Dont il était bien juste enfin que tu jouisses !
Eternel malheureux! *(à Limoëlan)*: Mais il est encor temps
Refusez ce projet ; depuis assez longtemps
Vous vous sacrifiez ; laissez-là cette tâche
Et nul homme, je crois ne peut vous dire lâche.

### LIMOELAN *(relevant fièrement la tête)*

L'ordre qu'on ma donné ? Je le discuterais !
Bien plus, ayant promis, moi, je reculerais !
Et je couronnerais carrière sans reproche
Par une lâcheté !... Mieux vaut que je rapproche
De trente ou quarante ans l'inévitable mort
Plutôt que mener vie ingrate et sans effort
Achetée au prix de la lâcheté commise.
Mais, plus un mot ! S'il est arrivé que je dise
Ma pensée aujourd'hui c'est que tu fus pour moi,
Toujours un serviteur fidèle et que je croi
Tu sauras conserver sur ce point, le silence
Si j'exige de toi qu'en toute conscience,
Tu ne répètes à qui que ce soit, jamais,
Ce que je t'aurai dit.

### JEAN-LOUIS

       Oui, je me tairai, mais
Que répondrez-vous donc, si votre fiancée,
Vous voyant triste, vous interroge, angoissée ?

### LIMOELAN

C'est en effet bien là qu'est le pire tourment,
Mais pourtant, je saurai rire et parler gaîment

Bien que cela te semble être fort peu croyable
Elle ne saura pas la douleur effroyable
Qui torture mon cœur, et, si je la revois
Au jour fatal, avant le moment où je dois
Commettre l'attentat, je saurai, je l'atteste,
La regarder sans un tremblement, sans un geste,
Sans un fléchissement dans la voix, sans un pleur.
Car c'est ici, Louis, car c'est dans la douleur
Qu'on distingue un héros d'un courage vulgaire.
Le vulgaire ne peut supporter et se taire.
Sa douleur est trop forte, il la doit partager :
L'allégeant par ses pleurs, nous le voyons charger
De ce fardeau tous ceux qu'il fréquente. Au contraire,
Pour un héros, jamais la douleur, sur la terre,
N'est si forte qu'il ne la puisse supporter.
Il s'estimerait lâche en la faisant porter
Par d'autres. Et je dis bien digne qu'on l'admire
L'homme qui souffre ayant aux lèvres un sourire
Et qui reste impassible à ce point, dans l'effort,
Qu'en le voyant mourir on dise : « Étrange mort !
« Comme cet être plein de bonheur, de jeunesse
« A soudain été pris par la mort ! » Puis je laisse
Mon âme au gré de Dieu grandir dans le malheur.
L'homme vaillant grandit, broyé par la douleur ;
Le courage a besoin, pour s'affirmer, de preuve,
Or la meilleure preuve est une rude épreuve.
A cet égard, l'on peut comparer justement
La douleur morale à ce régime violent
Qui consiste, échauffé par un rude service,
A se jeter dans le glacial précipice
D'un fleuve ou d'un torrent : le faible y reste mort
Mais l'homme déjà sûr de lui, vaillant et fort,
S'y trempe rudement et devient plus qu'un homme.

Eh bien ! Ce que je dis peut s'appliquer, en somme,
Au grand tourment moral : sous ses coups rigoureux,
L'homme faible est brisé comme un tronc d'arbre creux ;
Il succombe ou se tourne, afin de se distraire,
Vers les plaisirs mauvais. L'homme fort, au contraire
Lève plus haut le front qui vient d'être frappé ;
Son corps n'existe plus, son esprit soulevé,
Emporté loin du monde et de ce sol terrestre,
Se rapproche de Dieu, remerciant son Maître.
Il va, grandi, les yeux bien ouverts, le front haut,
Prêt aux actes les plus surhumains, s'il le faut.


JEAN-LOUIS


Quand vous parlez ainsi je sens croître en mon âme
De nobles sentiments, une subtile flamme
Qui semble me pousser aux actes généreux.


LIMOELAN


Tu n'es jamais, d'ailleurs, j'en suis bien sûr, peureux.
Ah ! la situation terrible et mal comprise :
Celle du héros qui, pour finir une crise,
N'a plus d'autre moyen qu'un monstrueux complot.
Tout souffrir, sans espoir de gloire, c'est son lot.
Il faut qu'il ait d'un chef la valeur stratégique,
D'un moine, l'existence étroite et méthodique.
L'obéissance enfin, passive du soldat ;
Et pourtant, l'homme qui peut dire : « J'ai cela »
Doit savoir que, le jour terrible et difficile
En cas d'échec on lui dira : « Quel imbécile !
« On ne réussit pas de semblable façon ! »
Ses ennemis diront : « Pour notre nation

« Quel débarras ! » Et, s'il réussit d'aventure
Ce sera, sans nul doute, une autre créature
Qui prendra son succès et le fera valoir
Et qui, n'ayant rien fait, sera puissant le soir !
Bientôt, nul n'aura plus gardé dans sa mémoire
Le nom de ce héros qui transforma l'Histoire.
Enfin, celui qui doit avoir ces qualités
Et par lequel jamais ne se verront goûtés
Les charmes de la gloire est, suprême infortune,
Cet être qu'on éloigne et qui vous importune,
Qu'on juge appartenir aux plus bas milieux
Et qui verra toujours, heureux ou malheureux,
Repousser cette main qu'il tend avec franchise
D'un geste très hautain, supérieur, qui méprise.
Ah ! sortons, car il est, je crois, de mon devoir
De t'expliquer ce que nous ferons demain soir ;
Puis il me faut de l'air pour que je me remette.

*(Ils sortent par la porte de droite. — La scène reste vide
un moment, puis Mme de Daucourt entre par la porte de
gauche avec Mme Limoëlan).*


## SCÈNE IV

### M<sup>me</sup> DE DAUCOURT. — M<sup>me</sup> LIMOELAN


M<sup>me</sup> DE DAUCOURT *(surprise)*

Votre fils est parti !


M<sup>me</sup> LIMOELAN

Vraiment il perd la tête,

Que ne cherche-t-il pas une position
Sans vouloir faire le bien de la nation
Malgré sa volonté. Je suis bien royaliste
Mais je crois que l'on peut, sans être pessimiste,
Affirmer que nos rois pour toujours ont perdu
Le respect qui semblait à leur personne dû.
L'on n'est plus aujourd'hui plongé dans l'anarchie,
Le Consulat est fort comme une Monarchie ;
La France possédant la victoire et la paix
Chez elle, chaque jour sent s'alléger le faix
Qu'était le pesant joug révolutionnaire :
L'émigré revient, et, chose extraordinaire,
L'Eglise a vu rendre à son culte ses autels.
Mais mon fils dit qu'au roi des serments solennels
L'unissent ; que jamais, jamais la République
N'affaiblira chez lui le zèle monarchique.

#### M<sup>me</sup> DE DAUCOURT

S'il devient mon enfant, j'en aurais grand plaisir
Et verrais sans effroi ma carrière finir...
Puis-je ne pas avoir entière confiance
En l'homme auquel je dois tant de reconnaissance ?
C'est lui qui nous a fait échapper à la mort
Et toucher, à travers mille périls, au port
D'où nous avons gagné le sol de l'Angleterre.
Aussi, je quitterai sans regret cette terre
Quand j'aurai mis la main de ma fille en sa main.
Mais il devrait aussi ne plus risquer en vain
Une vie aussi belle et qui peut être utile.

#### M<sup>me</sup> LIMOELAN

Je le lui dis toujours, mais suis fort inhabile

Pour ce faire et je n'ai pu le persuader.
Que n'a-t-il voulu dans l'exil m'accompagner !
Pourtant si fâcheux que ce fait puisse paraître
J'en suis heureuse, au fond, puisqu'il devait permettre
A mon fils de vous être utile et vous sauver.


M^me DE DAUCOURT *(rêvant)*

Triste temps !... Votre fils un soir vint nous trouver.
Notre arrestation allait être prochaine...
Nous partîmes de nuit. Pendant une semaine,
Nous allâmes... dans les champs ou sur le chemin,
A pied le plus souvent, trouvant toujours la main
Du chevalier pour nous protéger et défendre.
Il savait les sentiers détournés qu'il faut prendre
Pour éviter un bourg ennemi ; des abris
Nous étaient ménagés partout chez des amis.
Enfin, après ce long trajet dans la campagne,
Nous atteignîmes un petit port de Bretagne
Dans lequel un bateau se trouvait préparé ;
Puis, sans même vouloir être remercié,
Protégeant notre fuite en un combat suprême,
Il repartit lutter pour la cause qu'il aime.
Quel noble cœur, Madame ! Et si notre désir
Est de le voir plus calme, on pourrait rétablir,
Je crois bien notre roi, si dans toute la France
Tout royaliste avait semblable confiance...

*(Elles rêvent un moment en silence).*


M^me DE DAUCOURT

Jouons-nous, Madame ?

M^me^ LIMOELAN

Oui.

*(Elles s'installent devant un tric-trac et commencent à jouer).*


M^me^ DE DAUCOURT

C'est à vous.


M^me^ LIMOELAN *(jetant les dés)*

Six et trois.

*(On entend sonner à la porte).*


M^me^ DE DAUCOURT

Ça doit être enfin le chevalier, cette fois.


# SCÈNE V

LES MÊMES. — LIMOELAN


LIMOELAN

Excusez-moi, j'avais une course pressée...
Ah ! de vous déranger n'ayez point la pensée.


M^me^ DE DAUCOURT

Ma fille va venir à l'instant vous trouver ;
D'ailleurs vous pouvez en attendant feuilleter

Ces vieux dessins fanés qu'aujourd'hui la fortune
M'a fait retrouver.


LIMOËLAN

Oui, que nul ne s'importune.
Jouez donc sans songer que je me trouve ici.


M<sup>me</sup> LIMOELAN *(à Mme de Daucourt)*

C'est à vous de jouer.


M<sup>me</sup> DE DAUCOURT

Non, Madame.


M<sup>me</sup> LIMOELAN

Mais si.
*(Elles se remettent à jouer).*


LIMOELAN *(à part)*

Il est curieux de voir combien l'homme abandonne
De son cœur en les lieux où la vie était bonne
Et combien dans la suite il trouve douloureux
De s'en séparer sans espoir de retour.


M<sup>me</sup> LIMOELAN *(jouant)*

Deux.

### LIMOELAN

Mais si revoir ces lieux m'est déjà si pénible
Est-ce que tout à l'heure il me sera possible
De regarder sans trouble Anne-Marie ?

### M<sup>me</sup> DE DAUCOURT *(jouant)*

Oui, trois

### M<sup>me</sup> LIMOELAN

Savez-vous que demain pour la première fois
Depuis près de dix ans, dans tout Paris on laisse
Célébrer pour Noël, à minuit, la messe.

### M<sup>me</sup> DE DAUCOURT

Monsieur le Chevalier a promis de venir.
Viendrez-vous prier Dieu qu'il daigne nous bénir ?

### M<sup>me</sup> LIMOELAN

Certainement, Madame.

### LIMOELAN

Ah ! Soyez assurée
Qu'en refusant je sens mon âme déchirée
Et que votre offre m'a touché bien vivement.
Je ne peux accepter, car mon attachement

Au roi m'a pour la nuit de demain fait promettre
Un rendez-vous.

M<sup>me</sup> DE DAUCOURT *(surprise)*

         Mais ne pouvez-vous le remettre ?
Vous m'aviez dit...

LIMOELAN *(vivement)*

         Eh non !

M<sup>me</sup> DE DAUCOURT

         Alors n'insistons pas.

LIMOELAN *(à part)*

Où serai-je demain ?... Où serai-je ? A grands pas,
Jetant autour de moi l'œil avec défiance.
Rasant les murs, ayant perdu toute espérance,
J'irai commettre cet attentat odieux.
Et quand ma fiancée, au cœur doux et pieux
Priera le Seigneur au divin sacrifice,
Moi, je serai devant ma pièce d'artifice
L'œil et l'oreille au guet et la mèche à la main,
Prêt à donner la mort ; demain, oui c'est demain !
Sans doute je savais qu'il me serait pénible
De revoir ces lieux, mais je croyais impossible
Que l'on pût tant souffrir d'objets inanimés
Pour les revoir après les avoir bien aimés,

Oui, c'est dans ce salon que s'unissaient nos âmes,
C'est sur ce canapé que souvent nous causâmes
Serrés l'un contre l'autre et la main dans la main,
De la veille, du temps présent, du lendemain ;
Et voici le métier où la tapisserie
Avançait promptement pendant la causerie
Où par amusement, je mis souvent le doigt
Pour me faire, en riant, traiter de maladroit.

### M<sup>me</sup> DE DAUCOURT

C'est notre jeu qui vous fait garder le silence
Monsieur Limoëlan ? Où serait-ce l'absence
De ma fille qui vous rend si triste et songeur
Pourtant, me semble-t-il, votre futur bonheur
Devrait compenser ce qu'a de mélancolique
Le triomphe présent de notre République.

### LIMOELAN *(s'efforçant de sourire)*

Je ne suis pas triste, ou du moins si je le suis
C'est que, comme toujours, Madame, je ne puis
Être heureux tout à fait tant que le Consul gère
Les intérêts français et qu'en terre étrangère
Le légitime roi vit triste et malheureux.


## SCÈNE VI

### LES MÊMES. — ANNE-MARIE

### M<sup>me</sup> DE DAUCOURT *(à Anne-Marie)*

Le chevalier t'appelle ici de tous ses vœux.

ANNE-MARIE *(frappée de l'air soucieux de Limoëlan)*

Ciel ! Qu'avez-vous, Monsieur ?

LIMOELAN *(s'efforçant de sourire)*

Qu'est cette inquiétude?
Je n'ai rien, rien du tout.

ANNE-MARIE

Point ne faut longue étude
Pour voir que vous souffrez.
*(L'amenant devant une glace suspendue à la muraille.)*
Voyez dans ce miroir
Ces yeux brillants de fièvre et ceints d'un cercle noir,
Ce visage amaigri, cette mine défaite.
Et convenez enfin que votre tête est faite
Pour évoquer l'idée ou de tourments moraux
Ou d'une maladie.

LIMOELAN *(protestant)*

Eh ! Non rien n'est plus faux,
Je ne suis pas malade et j'ai l'âme tranquille,
Mais je suis fatigué des tracas de la ville.
Moi qui toujours vivais dans les champs et les bois.
Enfin je dors fort peu depuis un ou deux mois
Et cela suffit pour justifier ma mine.

ANNE-MARIE

Eh bien, je veux vous croire et je m'y détermine.

Mais une voix me dit dans le fond de mon cœur
Que vous souffrez beaucoup et que vous avez peur
De me faire, en parlant, partager vos souffrances.
Enfin, n'insistons pas ! Causons des espérances
Qu'aujourd'hui nous pouvons avoir en l'avenir ;
Parlons de l'heureux temps qui nous doit réunir
Et de ces jours bénis que nous aurons ensemble.
Est-il plus doux sujet, dites, que vous en semble ?
Mais je vois que vos yeux errent dans le lointain,
Que vous n'écoutez pas et que je parle en vain ;
Je vois, ne niez pas, un voile de tristesse
Planer sur votre front. Oh ! si quelque tendresse
Est ressentie enfin, par vous à mon égard,
Cédez à mon désir et cédez au regard
D'inquiétude qui vous prie et vous implore ;
Oh ! Racontez-moi tout, je le demande encore.
Je ne peux supporter qu'il soit des points cachés
Pour deux êtres devant bientôt être attachés.
Au point de ne former qu'un seul corps et qu'une âme.

LIMOELAN

Eh bien ! A ce moment vous saurez tout, Madame,
Et me connaîtrez bien avant de m'épouser ;
Mais laissez les faits eux-mêmes vous accuser
Les côtés sombres et tragiques de ma vie ;
Déjà j'en dis bien plus que je n'avais envie
De le faire en entrant dans ce salon, ce soir.
Causons plutôt, car nous ne pourrons nous revoir
Avant longtemps, je crois, et j'ai tant à vous dire !
Soyez bénie, ô vous ! qui dans ce jour le pire
De ma vie, aurez su me faire regretter,
Malgré tous mes tourments, le plaisir d'exister :

Vous qui aurez été, belle et pure figure.
Depuis que suis enfant la confidente sûre,
L'idéal, en un mot le seul, le vrai bonheur
De ma vie... Oui, le seul !

ANNE-MARIE *(troublée)*

                    Votre voix me fait peur
On vous croirait prêt à mourir dans la journée.

LIMOLEAN

La date de la mort est indéterminée,
Le vrai sage est celui qui se dit chaque soir :
« Serai-je mort demain ? je ne puis le savoir,
« Soyons prêt à nous voir devant le divin Juge,
« Que ce soit lui vraiment notre unique refuge. »
Qu'importe tout le reste ? Et qu'est le jugement
Qu'on portera sur nous à notre enterrement ?
Voilà ce que je pense... Eh non ! Je me soucie
De l'avis de quelqu'un : le vôtre Anne-Marie :
Par vous, après ma mort je veux être pleuré
Et peu m'importe alors de me voir déchiré
Par la haine ou l'erreur, une fois sous la terre,
S'il est une âme sœur qui ne tardera guère
A venir me rejoindre au bienheureux séjour.
Ayant toujours gardé pour moi le même amour
Oui... Mais puis-je compter sur cette âme fidèle ?

ANNE-MARIE *(indignée)*

Ah ! Ciel. Je vous promets...

LIMOLEAN *(l'arrêtant)*

Vous ignorez à quelle
Epreuve votre amour peut se trouver soumis ;
Tel acte par moi peut un jour être commis
Qui tourne contre lui tout le monde et vous-même.
Quelle que soit la force avec laquelle on aime,
Il est fort difficile alors de résister ;
Ne vous engagez pas, on ne peut protester
De sa fidélité sans connaître l'épreuve.
Je ne demanderai que ceci comme preuve
De votre amour ; si je commets, un de ces jours,
Tel acte qui échoue et tourne pour toujours
Chaque homme contre moi dans l'époque présente,
Alors, promettez-moi, non pas d'être contente
De l'acte et d'admirer : promettez de penser
Que, pour l'accomplir, il m'a dû falloir froisser
Des sentiments en moi, et que semblable chose
Ne fut faite que par dévoûment à ma cause.
Je résume en deux mots : lorsque viendront ces jours,
Ne m'admirez pas, mais estimez-moi toujours ;
Car l'admiration de l'estime diffère
Et l'on peut estimer, bien que son adversaire,
L'homme accomplissant, en voyant là son devoir,
L'acte qui nous paraît le crime le plus noir ;
Qu'est l'action, sans la volonté qui la guide ?
Si donc mon acte vous paraît par trop rigide
Ou même criminel, du moins promettez-moi,
Que dans ma loyauté vous aurez assez foi
Pour m'estimer encore et vous dire en vous-même
Non. « C'est un crime ». Mais de dire « Son système
« Le conduit à cet acte et lui fit accomplir.
« Il agit en héros, s'imaginant remplir
« Son devoir, moi, je suis d'un avis tout contraire. »

### ANNE-MARIE

Soyez tranquille, ami, quoi que vous puissiez faire
Je ne douterai pas de votre bonne foi
Mais je vais plus loin et je suis bien sûre, moi,
Que votre action me semblera' légitime
Même au cas où chacun l'appellerait un crime
Et pour vous prouver mon estime et mon amour,
Je ne demanderai ni l'heure, ni le jour,
Ni la nature de l'acte qu'on va commettre
Bien qu'étant tourmentée.

### LIMOELAN

    Il vous faut me permettre
Une demande encor : quand dans l'église en liesse
Vous entendrez demain, à minuit, la messe,
Alors, songez à moi, priez du fond du cœur
Pour votre amant et pour notre futur bonheur.
Demandez à Dieu que, dans sa miséricorde,
Il ait pitié de moi, qu'à ma mort, il m'accorde
Le salut mérité par ce que j'ai souffert.

*(Se levant brusquement)*

Maintenant, je m'en vais.

### ANNE-MARIE

Déjà, Ciel !

### M<sup>me</sup> DE DAUCOURT *(surprise)*

    À quoi sert
De partir aussi tôt ?

M^me LIMOELAN *(se levant à son tour)*

La rue est fort peu sûre,
M'accompagnerez-vous, mon fils, dans ma voiture ?

LIMOELAN

Volontiers.

M^me LIMOELAN *(à Mme de Daucourt)*

A demain.

ANNE-MARIE *(à Limoëlan)*

Au revoir, donc.

LIMOELAN

Adieu !

Madame, mes respects !...

M^me DE DAUCOURT *(à Mme Limoëlan)*

Pour aller au saint lieu
Nous prendrez-vous ici ?

M^me LIMOELAN

Certainement, Madame.

LIMOELAN *(sur le point de sortir, à Anne-Marie)*

Accordez (sommes-nous pas presque époux et femme ?)
Un baiser qui devra jusqu'au ciel nous lier.

ANNE-MARIE *(hésitante regarde sa mère qui incline la
tête en signe d'assentiment)*
Un baiser ?

LIMOELAN *(déposant un baiser sur son front)*

Le premier, Madame *(à part)* et le dernier.

## TROISIÉME ACTE : DÉCEPTIONS

A Paris. Taverne de la rue St-Nicaise. Nuit de Noel 1800. Intérieur de taverne : plafond bas avec poutres apparentes. Porte à droite donnant sur les appartements. Au fond, à gauche porte sur le dehors. A droite de cette porte très large fenêtre basse avec de petits carreaux laissant voir la rue St-Nicaise qui paraît déserte. Au fond à droite presque sous la fenêtre trappe descendant à la cave, d'où sort une échelle. A gauche contre le mur dressoir avec pots d'étain, gobelets bouteilles. Devant le dressoir, large table massive avec bancs et tabourets. Il est neuf heures du soir. La scène n'est éclairée que par la lanterne suspendue à une corde qui traverse la rue et par une lampe fumeuse attachée à une poutre de la taverne.

## SCÈNE PREMIÈRE

### LIMOELAN, SAINT-RÉJEANT, JEAN-LOUIS, MAITRE GASPARD

*(Pendant toute cette scène, Saint-Réjeant et Jean-Louis se montrent très enjoués pour tromper le cabaretier. — Au contraire Limoëlan reste silencieux, la tête dans ses mains comme étranger à ce qui se passe autour de lui et plongé dans de tristes réflexions).*

JEAN-LOUIS *(appelant)*

Du vin, Maître Gaspard !

SAINT-RÉJEANT *(de même)*

Moi, de la bière brune !

*(Maître Gaspard arrive par la porte à droite et s'empresse de les servir).*


JEAN-LOUIS *(lui frappant sur l'épaule)*

Mais, par ma foi, ce soir tu vas faire fortune !


SAINT-RÉJEANT *(d'un ton impératif)*

Un verre ! Et viens ici boire à notre santé.


MAITRE GASPARD

Messieurs, excusez-moi ; mais j'en ai tant porté
Depuis ce matin que cela m'est impossible.


SAINT-RÉJEANT *(feignant de se fâcher)*

Ah ! Ne m'offense pas, car je suis susceptible !

*(Il le pousse sur un siège, met un gobelet devant lui et
lui verse une rasade. Maître Gaspard se laisse faire et
dès que son verre est vide Saint-Réjeant le lui remplit
à nouveau).*


JEAN-LOUIS *(gravement)*

Que t'importe, maraud, de tomber ivre mort ?
Je te remplacerai. Tu sais, je suis très fort
Comme cabaretier. Je tiendrai ta boutique.

SAINT-RÉJEANT

Personne n'a touché, j'espère, à ma barrique.

MAITRE GASPARD *(d'une voix pâteuse)*

Pour cela non ! Vous la trouverez dans son coin
En bon état.

JEAN-LOUIS *(lui frappant sur l'épaule)*

Mais oui ! C'est un homme de soin !

SAINT-RÉJEANT *(mystérieusement)*

Dame, c'est du bon vin, mais d'espèce fragile ;
Pour être parfait il doit être un mois tranquille.


## SCÈNE II


LES MÊMES. — UN POLICIER


LE POLICIER *(entrant à Limoëlan)*

C'est vous le patron de cet établissement ?

JEAN-LOUIS *(lui montrant Maître Gaspard)*

Non, c'est ce gros qui vous regarde bêtement.

LE POLICIER *(avec dignité)*

Taisez-vous ! Nul Français ne doit subir d'injure.
*(A Maître Gaspard)* Monsieur Fouché, ce soir a pris une
[mesure
Par laquelle, en ce jour de fête officiel
Les cabarets, pour le réveillon de Noël
Peuvent rester ouverts pendant la nuit entière.
Mais il punira d'un châtiment très sévère
Toute querelle et rixe ou tout événement
Troublant les citoyens en fête honnêtement.

*(Maître Gaspard place un verre devant le Policier qui
s'assied et consent à trinquer avec lui. A ce moment on
entend dans la rue les grelots d'un cheval et on voit s'ar-
rêter sous la fenêtre une petite charrette basse recouverte
d'une bâche. On entend dans la rue la voix de Carbon
arrêtant son cheval. Hó ! Puis Carbon entre. Il est vêtu
en paysan, blouse bleue, bonnet de coton et fume la pipe.)*


## SCÈNE III


LES MÊMES. — CARBON


*(Limoëlan fait un signe à Carbon et lui montrant le Poli-
cier il dit à voix basse)* :

Taisez-vous un instant, on pourrait nous entendre
*(à haute voix)* Comment va la santé ? Vous n'avez pas pu
[vendre
Tout votre blé, l'ami ?

CARBON *(s'asseyant en face de lui et se versant à boire)*

Le blé ne se vend pas.
Je me suis fatigué pour rien et je suis las.

MAITRE GASPARD *(au Policier)*

Ah ! Ce Consul, Monsieur, est vraiment un brave homme
Il est curieux de voir depuis qu'il est là comme
Les affaires vont mieux... Ah ! Cet homme est divin !

JEAN-LOUIS *(à mi-voix d'un ton ironique)*

C'est le dieu de l'ivrogne et du marchand de vin !

LE POLICIER *(sursautant)*

Plaît-il ?

JEAN-LOUIS *(se reprenant)*

Rien ! Je disais que dans toute la France
On l'aime bien et qu'il comble toute espérance.

LE POLICIER

On dit qu'il a pourtant encor des ennemis !

JEAN-LOUIS *(ironiquement)*

Ah, bah ! Ces ennemis seront bientôt soumis.

*(Le Policier sort en faisant à la ronde un geste d'adieu)*

## SCÈNE IV

LIMOELAN. — JEAN-LOUIS — SAINT-RÉJEANT —
CARBON, MAITRE GASPARD

*(Pendant que Jean-Louis discourt pour capter l'attention
du cabaretier, Saint-Réjeant et Carbon remplissent
tour à tour son verre que Maître Gaspard vide sans s'en
apercevoir. Il finit par s'endormir sur la table).*

JEAN-LOUIS *(d'un ton déclamatoire)*

Le vin, Maître Gaspard, mais c'est l'ami de l'homme !
Le seul ami sincère et le seul sûr, en somme,
Le seul qui nous console en toutes nos douleurs,
Le seul qu'on retrouve en chacun de ses malheurs...
Le vin ! Quel composé surnaturel, étrange :
On y sent le soleil qui mûrit la vendange
Avec son feu divin, sa vermeille couleur
Et la douce gaîté qu'il met dans chaque cœur !
On y sent ces parfums qui sortent à l'automne
De la terre épuisée où le vent siffle et tonne,
Où les feuillages d'un or sombre et languissant
S'étendent en tapis riches et tournoyants ;
Mais l'on y sent, surtout, cette gaîté française
Qui semble un brave par le danger mis à l'aise
Et qui va, revêtu d'une cuirasse d'or,
Galopant au soleil au-devant de la mort !

LIMOELAN *(sortant de ses méditations, à Jean-Louis)*

Cesse de bavarder ici, comme une pie,
Car cet ivrogne ronfle ainsi qu'une toupie,
Porte-le dans sa chambre et prends ses vêtements.

*(Jean-Louis et Carbon entraînent Maître Gaspard par
la porte de droite).*

LIMOELAN *(à Saint-Réjeant)*

Et toi, pour préparer ces grands événements,
Descends voir si l'on peut monter notre barrique,
Car nous allons toucher la minute critique.

*(Saint-Réjeant disparaît dans la cave par la trappe.)*


## SCÈNE V


### LIMOELAN. CARBON


CARBON *(qui est entré par la porte de droite s'efforçant
de distraire Limoëlan)*

Nous réussirons, j'en ai la conviction,
A moins qu'un traître... Non ! Ecartons ce soupçon.
Tout ira pour le mieux, l'engin va tuer raide
Ce Consul détesté.

LIMOELAN

Fort bien. Que Dieu nous aide ;

Nous avons fait je crois en tout notre devoir.
C'est par Dieu, maintenant qu'on peut vaincre ce soir.
A présent dites-moi quelle est notre embuscade :
Une heure doit encor passer avant l'aubade
Que nous allons donner à ce maudit tyran
Et que les cavaliers venant prendre leur rang
Afin d'escorter leur Consul jusqu'au théâtre,
Broyés par les gravats, la mitraille et le plâtre
Meurent avec leur chef à mon commandement.

*(Jean-Louis rentre par la porte de droite vêtu du costume*
*de Maître Gaspard).*


JEAN-LOUIS

Me voilà directeur de l'établissement.

*(Il va rejoindre Saint-Réjeant dans la cave).*


CARBON

Donc, Monsieur Cadoudal, la semaine passée,
Chez Lambel, grainetier de la rue Meslée,
M'avait fait acheter deux mille francs comptant
Deux objets : tout d'abord une vieille jument
Fourbue et propre à ce que nous en voulons faire
Puis un chariot aussi boiteux que l'est la paire
Des jambes de Vulcain comme dit Homère.


LIMOELAN *(impatienté)*

Ah !

Laissez Homère à part ou l'heure arrivera

Et l'ami Saint-Réjeant apportera la poudre
Que vous serez ici, parlant encore de foudre,
De Jupiter tonnant, de Junon aux bras blancs,
Minerve aux yeux de vache et monstre aux larges flancs
Et... je ne saurai rien de plus. Veuillez me dire
Ce que vous avez fait, très simplement.

CARBON

                                  Messire
Vous serez obéi, mais si j'ai plaisanté,
Excusez-moi, mais je m'étais inquiété
Vous voyant soucieux contre votre habitude
Et voulais vous distraire en riant.

LIMOELAN

                                Il est rude
Quelquefois, mon ami, de faire son devoir ;
Je ferai, soyez sûr, tout ce qu'il va falloir ;
Mais je brise ma vie et mon cœur se déchire
Quand je pense au bonheur que je perds ; aussi, rire
D'une plaisanterie ou paraître joyeux
Serait là plus qu'humain, toutefois je ne veux
Vous attrister en rien : vous n'avez pas à craindre :
Ne vous troublez donc pas, dites-moi, sans rien feindre
Ce que vous avez fait, ce que je dois savoir.

CARBON

Ayant donc acheté charrette et cheval noir
Je louai, pour un mois, une vaste remise
Où je les abritai : J'avais changé de m

Et, m'étant revêtu d'habits de maraîcher,
Dis au propriétaire : « En les venant chercher
« Je paierai le loyer car j'arrive du Maine
« Avec cet attelage et dois, dans la semaine,
« Prendre livraison de quelques sacs de froment. »
Ce soir, je suis parti, le payant largement.
Mon attelage attend là, sous cette fenêtre
Et l'on pourra charger, d'ici même, peut-être,
Notre tonneau dessus, puis y mettre le feu.

*(L'amenant près de la fenêtre).*

Voyez plutôt.


JEAN-LOUIS *(sortant par la trappe)*

Venez !


LIMOELAN *(le retenant)*

Non, attendez un peu.

*(Maître Gaspard arrive par la porte de droite en costume
de nuit, un bougeoir à la main. Il a l'air effaré d'un
homme ivre qu'on vient de réveiller).*


MAITRE GASPARD

Je crois que j'ai dormi ! Vous n'avez vu personne !


JEAN-LOUIS *(d'un air indigné faisant sonner des pièces
d'or dans sa main)*

Personne ! Entends le bruit de cet argent.

Voilà comment j'ai su tenir ton cabaret,
Mais tu n'as pas vraiment un air très guilleret ?
Tu me sembles souffrant ? Retourne dans ta chambre.

MAITRE GASPARD

Oui, je sens comme un poids pénible en chaque membre.

CARBON *(à part)*

C'est, parbleu qu'il a bu bien plus que de raison.

MAITRE GASPARD

Eh bien ! Si vous pouvez me tenir la maison,
Je serais fort heureux de faire encore un somme.

JEAN-LOUIS *(le poussant dehors)*

Oui, c'est cela ! Va-t'en ! Sans tomber mon bonhomme !
*(Après la sortie de Maître Gaspard, Jean-Louis aide
Saint-Réjeant à monter le tonneau de poudre par la trappe;
puis, par la fenêtre ouverte, ils le placent sur la charrette,
le fond tourné vers le public et restant très visible).*

SAINT-RÉJEANT

Quel poids ! Voici placée enfin votre futaille.

JEAN-LOUIS *(d'un ton enjoué,*

J'ai bon espoir, enfants !

*LIMOELAN*

CARBON

Certes ! Elle est de taille !

LIMOELAN

Et maintenant partez ! Je vous fais mes adieux.
*(Saint-Réjeant et Carbon sortent par le fond).*


## SCÈNE VI


## LIMOELAN. — JEAN-LOUIS


JEAN-LOUIS *(ému)*

Malheureux !

LIMOELAN

    C'est fini ! Pourtant fais pour le mieux
Et si je peux un jour prendre goût à la vie,
Tâche alors de pouvoir contenter mon envie,
De pouvoir m'annoncer où mon amante vit
Et si, quand elle entend mon nom, elle sourit.
Adieu ! Pars, mon ami, fais ce que je t'ordonne.

JEAN-LOUIS *(touché)*

Ainsi vous voulez donc que je vous abandonne ?

LIMOELAN

Il le faut ! Je le veux !


JEAN-LOUIS  *(de même)*

Voulez-vous  m'embrasser ?

*(Ils s'étreignent longuement).*


LIMOELAN

Et maintenant, adieu ! Je ne veux plus penser.


## SCÈNE VII


LIMOELAN *(d'un air agité)*

Que le temps passe vite au malheureux qui souffre
De l'attente d'un mal ! Voici déjà le gouffre !
Déjà l'heure a sonné qui termine à jamais
Le temps de mon bonheur, ce temps où j'espérais ;
Où je croyais pouvoir donner à ma jeunesse
Un beau terme, tandis que mon cœur en liesse
Voyait naître et grandir seul et pur mon amour.
Ces instants enchantés ont leur terme en ce jour...
Qu'il est loin le temps où sans amour et sans haine
Travaillant en paix à l'École de Brienne
Je comptais en sortir bientôt sous-lieutenant
Et bien servir la France ! Où suis-je maintenant ?

La Révolution a brisé ma carrière.
Je suis encor la route et rude et guerrière
Mais il n'est plus pour moi d'avenir glorieux,
Car je suis du parti honni des factieux.
J'avais trop de bonheur ; maintenant il me semble
Que, sortant d'un beau rêve au froid réveil je tremble.
Ici-bas, toute vie a son point culminant
Après lequel il faut descendre en cheminant.
La vie est un sentier escarpé de montagne ;
Visant plus ou moins haut, par le travail, on gagne
Un sommet fugitif où l'on goûte un moment
Presque le vrai bonheur, mais, malheureusement
L'on descend aussitôt butant à chaque pierre
Et l'on se trouve enfin seul en un cimetière
A la fin de sa vie, en bas de ce coteau.
Ce moment de bonheur fugitif, mais si beau,
Je l'ai goûté, le jour d'allégresse divine
Où cette jeune fille et si belle et si fine
M'a dit qu'elle m'aimait en débarquant au port.
Depuis, j'ai descendu. C'est le champ de la mort
Qui me voit aujourd'hui paraître en son enceinte.
Et, sa pure beauté, surhumaine, de sainte,
Je ne la verrai plus : ma vie atteint son soir...
Que va-t-il m'arriver ? Je ne puis le savoir.
Peut-on croire en cas de succès qu'Anne-Marie
M'aime encore assassin et de moi se soucie ?
Non ! Je dois désormais supposer que demain
Ma douce fiancée éloignera ma main
De sang croyant la voir tachée... et, si j'échoue
Je n'aurai qu'à m'enfuir pour vivre dans la boue
De longs jours, attendant tout seul à l'étranger
Le terme d'une vie où devait se changer
Mon bonheur primitif trop complet pour un homme
Contre un déchirement, contre une douleur comme

On n'en voit pas, non plus, chez de simples mortels.
Mon bonheur fut trop grand, surhumain aussi tels,
Sont les affreux tourments où mes jours se finissent.
Éclate donc, machine infernale, et périssent
En même temps que toi jeunesse, amour, bonheur !
Si tu dois me tuer j'attends la mort sans peur ;
Dans mon cerveau troublé les pensers tourbillonnent,
Les plaisirs que l'amour et la jeunesse donnent,
Tout est fini... Tout... Tout... *(Il tombe assis sur le banc,
la tête dans ses mains. Moment de silence. Puis la porte
s'ouvre lentement livrant passage à une femme enveloppée
d'un manteau sombre. En entrant, elle rejette en arrière
le capuchon qui lui couvrait le visage. Limoëlan, en re-
connaissant Anne-Marie, se lève brusquement et s'efforce
de lui cacher son trouble).*


SÈCNE VII.


LIMOELAN. — ANNE-MARIE


LIMOELAN

Anne-Marie ! Ah Dieu !
Mais que venez-vous faire et chercher en ce lieu ?


ANNE-MARIE *(doucement)*

Ne dissimulez pas ! Je sais ce que vous faites ;
Voyez, je connais bien et l'endroit où vous êtes
Et ce que vous voulez tenter dans un moment.

### LIMOELAN *(se dominant)*

Quoi donc ? Je suis ici par hasard, simplement
Et j'attends des amis qu'il faut que je rencontre.

### ANNE-MARIE

Pourquoi parler ainsi ? Pourquoi donc aller contre
La vérité des faits, l'apparence des lieux ?
Vous ne me croyez pas ? Eh bien je sais tout mieux,
Oui, mieux que vos amis les plus intimes même,
Car on veut protéger, défendre ceux qu'on aime :
Vous vous trouvez ici pour frapper et mourir.
Cet antique baril, on vient de le remplir
De poudre, de vieux clous, de terribles mitrailles.

### LIMOELAN *(s'efforçant de sourire)*

Où donc avez-vous fait, Madame, ces trouvailles ?

### ANNE-MARIE

Bah ! Le sincère amour finit par tout savoir !
J'ai tant pressé Louis qu'il n'a pas cru devoir
Se taire sur ce que j'avais l'air de connaître.
Il m'a donc dit tout ce qu'il savait sur son maître
Et, feignant tout savoir, ainsi j'ai tout appris.
Vous ne m'aimez donc plus ?

### LIMOELAN *(d'une voix concentrée)*

                Si, mais tu m'as promis
Quand tu me dévoilas, au retour d'Angleterre,
Ton vif amour pour moi, d'oser le faire taire

Lorsque se dresserait, en face, mon devoir.
Et c'est à ce seul prix qu'alors j'ai cru pouvoir
Céder à ton amour… au mien je puis le dire.

ANNE-MARIE

Ce souvenir est vrai, je n'y puis contredire ;
Mais combien de jours se sont écoulés depuis !

LIMOELAN

Qu'importe ! Jamais l'on ne dira que je fuis !

*(On entend dans le lointain les cloches de St-Germain-
l'Auxerrois, sonnant à toute volée pour la messe de
minuit).*

ANNE-MARIE

Ecoute cette voix, qui, depuis dix années
N'invitait plus jamais dans nos grandes journées
Les fidèles chrétiens à se rendre au saint lieu
Pour se souvenir et se rapprocher de Dieu.

LIMOELAN *(avec mélancolie)*

Douce voix du clocher ! Séculaire harmonie !
Dans nos villes, sitôt leur besogne finie,
Quand sortent comme un vol de jeunes passereaux
Les travailleurs, de leurs ateliers et bureaux,
Ta voix, comme un manteau fait de riches dentelles,
Jette ses notes d'or, lentes et solennelles :
Chacun sent s'alléger son esprit fatigué ;
Comme par un ruisseau d'eau limpide emporté

Chacun se sent monter vers la route céleste.
Et se mouiller ses yeux... Dans la campagne agreste,
Au soleil de midi, quand l'oiseau, quand la fleur
Chantent l'hymne éternel au divin Créateur,
De l'horizon lointain, ta voix s'élève pure,
Joignant le chant de l'homme au chant de la nature.


ANNE-MARIE *(rêveuse)*

Souviens-toi, mon ami, de ce dernier printemps
Dans quelque épais bosquet laissant passer le temps,
Mon regard dans le tien et ma main dans la tienne,
Tandis qu'un rossignol nous chantait son antienne,
Que le soleil brillait, que la terre embaumait ;
On restait sans parler, mais on se comprenait.
Puis quand sur la nature au soleil engourdie
Passait la voix d'airain par l'espace assourdie,
Regardant le ciel bleu, ne formant qu'un seul cœur,
Nous remercions Dieu de notre grand bonheur...
Tiens ! C'est la voix de Dieu qui t'invite et t'appelle.
Il dit : « Venez ! Venez ! La vie est douce et belle
» Pour deux êtres s'aimant d'un noble et pur amour ;
» Venez ! Je veux dans la solennité du jour
» Vous unir pour toujours ici, dans mon église. »
C'est ce que dit la cloche et c'est toi qu'elle vise
Oui ! C'est ce qu'elle dit. Mais songe qu'une fois
Ces mêmes cloches de Saint-Germain l'Auxerrois
Ont parlé pour donner le signal d'un carnage
Que doit désavouer tout noble et pur courage.
Voudrais-tu qu'à présent dans un jour aussi beau
On entende leur voix précédant à nouveau
Un massacre pareil ou plus odieux même ?
Non ! Tu ne le veux pas. Suis-moi puisque je t'aime !

LIMOELAN *(faiblissant)*

Oui, mais l'amour toujours doit céder au devoir.


ANNE-MARIE *(s'animant peu à peu)*

Au devoir ! Au devoir ! Ose me faire voir
Qu'il est de ton devoir d'allumer cette mèche,
De faire en ce quartier une sinistre brèche
Et, pour vouloir tuer l'ennemi de ton roi,
Massacrer cent chrétiens victimes de leur foi.
Tu te juges héros et tu commets un crime.
Ta conduite que tu crois sans doute sublime
Sera flétrie avec mépris, avec horreur ;
Mais ouvre donc l'histoire, elle te fera peur ;
Tous ceux qui ont tué, des rois ou des ministres,
Que dit-on d'eux ? On dit ce sont des fous sinistres
Ou bien des criminels odieux, dangereux !


LIMOELAN *(tombant assis sur le banc, accablé)*

Ne parle pas ainsi ! Pitié.


ANNE-MARIE *(continuant les yeux fixés sur lui)*

                    Vois ! Malheureux
Tous ces insensés qui tuèrent pour la gloire,
Vois ce jour sanglant qui doit hanter ta mémoire,
Le jour sinistre de la Saint Barthélemy !
C'était bien par amour de Dieu qu'il avait mis,
Ce pauvre Charles Neuf dans la main de chaque homme
Un poignard, lui disant : « Va pour Dieu ! Tue ! Assomme! »

LIMOELAN

Poussé par sa mère il avait cru comme toi
Protéger son pays et défendre sa foi
En peuplant tout Paris de sombres agonies ..

LIMOELAN *(avec désespoir)*

Assez !

ANNE-MARIE

        Et vois ses jours, ces besognes finies.
Presque fou de remords, il voyait devant lui
Se dresser, sitôt que le soleil avait fui,
Ses victimes en sang lui reprochant son crime
Il se tordait les mains pleurant dans cet abîme
D'obscurité qu'est la nuit du cœur inquiet.
Et, quand, à Coligny qui toujours l'épiait
Semblant du doigt montrer ses anciennes victimes,
Il s'écriait : « Mais je n'ai pas commis de crimes,
« Je croyais obéir à l'ordre du Seigneur. »
Coligny répondait : « Non ! Le Dieu de douceur
« Ne veut pas de victime : il n'est pas une idole. »
Voilà ce qui t'attend, la vie hantée et folle !

LIMOELAN *(repoussant les visions qu'elle évoque)*

Oh ! non ! Assez ! Assez !

ANNE-MARIE

            Eh bien ! Quitte ces lieux :
Ensemble nous aurons de nombreux jours heureux,
Tu pourras oublier, bien aimé de ta femme,
La royaliste ardeur qui tourmente ton âme,

Tu n'auras pas la mort d'un homme sur le cœur !
Enfin, veux-tu venir ? Veux-tu notre bonheur ?
Réponds d'un mot !

LIMOELAN *(se raidissant d'un suprême effort)*

C'est non ! non ! malgré mon envie,

ANNE-MARIE *(hors d'elle même)*

Eh bien ! Sois donc maudit, toi qui brises ma vie.

*(Elle sort en courant)*


## SCÈNE IX

### LIMOELAN *(Seul)*

LIMOELAN *(chancelant)*

Maudit ! a-t-elle dit. Ah ! C'est trop cette fois !
Je suis comme un enfant perdu, seul, dans un bois
En mon esprit troublé mes sentiments combattent,
Ils semblent ces rayons fugitifs qui s'ébattent
Sur l'eau d'une cascade en changeant de couleur ;
C'est la perplexité qui règne dans mon cœur..
Je voudrais à l'instant que la foudre m'écrase ;
Dans sa bouche, ce mot fait déborder le vase.
Mais quoi ! C'est un abîme entre nous maintenant
Jusqu'au bout ! Allumons ce triste engin tonnant
Mais qu'au moins Bonaparte arrive ici bien vite,
Car bientôt c'est l'amour qui me presse et m'invite
Qui sera le plus fort et je fuirais ces lieux...

## SCÈNE X

### LIMOELAN. — UN OFFICIER

**L'OFFICIER**

Mais c'est Limoëlan, j'en jurerais les dieux !

**LIMOELAN**

Chut !

**L'OFFICIER**

Oh ! Ne craignez rien : entre vieux camarades
On ne se trahit pas. Voilà vos escapades.
Émigré, vous voici sous un déguisement
De retour à Paris. C'est agir follement ,
Vous êtes bien grimé, je dois le reconnaître :
Pour dire votre nom, il faut bien vous connaître,
Il faut avoir, des mois, avec vous habité
Amis, comme à Brienne avons longtemps été :
Mais enfin la police est aujourd'hui rusée
Pourquoi mener toujours une vie méprisée
Quand on peut du Consul obtenir son pardon ?

**LIMOELAN**

Son pardon ? S'il vous plaît quel est le crime dont
Il me faut obtenir pardon ou même excuse ?
J'ai bien serv¡mon roi, sans détour et sans ruse,

Je suis resté fidèle à mon premier serment ;
Ce n'est pas là forfait digne d'un châtiment,
C'est un acte héroïque et non pas une faute
Et je peux, mieux qu'aucun marcher la tête haute.
Puis si j'avais commis vraiment un noir forfait
Le pardon du Consul aurait-il quelque effet ?
Le roi, mais le roi seul a le beau droit de grâce
Et non ce parvenu sans aïeux et sans race ;
Et si jamais enfin je m'étais abaissé
A venir devant lui, genoux bas, front baissé,
Mon orgueil aurait su m'en éviter la honte,
Me soufflant que je puis bien voir au bout du  compte
Suivre ma lâcheté d'un rigoureux refus.
Pour toutes ces raisons, restons ce que je fus.


L'OFFICIER

Vous avez tort, ami, je peux et dois le dire :
Pour votre royalisme on n'y peut contredire
Mais sur un point, du moins, il me faut vous blâmer.
Sachez que le Consul, je peux vous l'affirmer,
Ne repousserait pas votre demande en grâce :
Non qu'il pardonne à tous, mais on garde la trace
De son temps de jeunesse imprimée en le cœur.
Or, comme vous savez, nous eûmes le bonheur
D'être avec lui, nous deux, élèves de Brienne.


LIMOELAN *(à part)*

Quel combat !

L'OFFICIER

Qu'avez-vous ?

LIMOELAN

Je craignais qu'on ne vienne.
*(La rue s'est peu à peu remplie de monde et dans la foule
on entend par moments des voix.)*

LIMOELAN

Entendez-vous ?

L'OFFICIER

Quoi donc ?
*Voix d'un Agent de Police. )*
                    Eh ! Marche donc, maudit.

LIMOELAN *(chancelant)*

Vous avez entendu ce que cet homme a dit ?

L'OFFICIER *(avec indifférence)*

Oui. c'est quelque buveur que l'on entraîne au poste.

LIMOELAN *(à part)*

Ce mot ! Ce mot toujours ! Maudit ! C'est la riposte
Que répète au devoir mon amour, et c'est Dieu
Qui m'arrête et qui me dit de quitter ce lieu.
Tu triomphes amour ! Arrêtons Bonaparte,
Empêchons qu'il ne vienne, empêchons qu'il ne parte.
Mais ne ternissons pas par un public aveu
Mon noble amour : mieux vaut inventer quelque peu.

L'OFFICIER

Vous souffrez ?

LIMOELAN

Oui beaucoup ! *(à part)* Ah ! J'ai trouvé
[l'histoire !
Je souffre, car je vois surgir en ma mémoire
Le temps de ma jeunesse et j'hésite soudain,
Je suis un royaliste acharné, c'est certain
Mais entre anciens amis on ne peut pas sans blâme...

L'OFFICIER

Expliquez-vous !

LIMOELAN

Voilà ! J'allais être un infâme
Et laisser massacrer un ancien compagnon.
Vous le savez, suivi par mon fatal guignon,
J'ai vu m'abandonner mon ancienne richesse,
Et puis, il ne faut pas maintenant que je laisse
Deviner et mon nom et mon identité ;
Après avoir longtemps erré, couru, tenté,
Je suis enfin venu dans cette étroite rue,
Endroit peu fréquenté, taverne peu courue,
Mais je gagne ma vie, étant cabaretier ;
Ce n'est pas beau destin, ce n'est pas grand métier,
Mais il faut bien gagner sa vie en ce bas monde !
Or hier, en faisant dans les tables ma ronde,
J'entendis se tramer un terrible complot :
C'étaient d'anciens amis, sachant que pas un mot

Pouvant leur faire tort ne franchira ma bouche,
Mais je veux maintenant empêcher qu'on ne touche
A mon compagnon. C'est ce soir qu'on frappera
Bonaparte : empêchez qu'il aille à l'Opéra.
Obtenez tout au moins qu'il prenne une autre rue.
Si votre voix n'est pas écoutée ou pas crue,
Soudoyez, s'il le faut, l'escorte des chasseurs,
Dépêchez, car déjà j'entends quelques clameurs.

L'OFFICIER

Soit ! J'y cours. (*Il sort.*)

LIMOELAN

Il fallait cet adroit subterfuge.
Dieu sait que l'amour seul put me rendre un transfuge !

## SCÈNE XI

LIMOELAN *(seul)*

Ainsi Limoelan a trahi son serment...
Grand Dieu ! L'aurais-je cru ce matin seulement !
Cadoudal a le droit de m'appeler parjure
Car j'aurais mérité cette sanglante injure...
Je ne regrette rien d'ailleurs... Fuyons ces lieux !

VOIX AU DEHORS

Vive notre Consul ! Vive le Victorieux !

LIMOELAN *(s'arrêtant)*

Encor lui ! Lui toujours !

VOIX AU DEHORS

Ah ! Vive Bonaparte

LIMOELAN

Dieu fasse qu'un hasard empêche encor qu'il parte
            *(On entend le bruit du cortège qui s'approche.)*

VOIX AU DEHORS

Le voilà ! Le voilà !... Vive la République!

LIMOELAN *(comme galvanisé par ce mot le plus odieux
            qu'il puisse entendre)*

Cet affreux mot aura sa sanglante réplique.
L'ennemi de ma vie apparaît devant moi.
Meure la République et vive notre roi !

*(Limoëlan court comme un fou vers le tonneau de poudre,
y enfonce la mèche, l'allume, puis se précipite vers l'entrée
de la cave. Il regarde, les yeux hagards, la mèche se consu-
mer. Soudain une immense lueur, une détonation formi-
dable. — Le rideau tombe)*

QUATRIEME ACTE. — SACRIFICES

Même décor qu'au premier acte. En Bretagne ; la chaumière de
Pierre Crosquer.


## SCÈNE PREMIERE


PIERRE CROSQUER — ANNETTE

*(Au lever du rideau, Pierre Crosquer, assis sur un tabou-*
*ret au coin de l'âtre, tisonne le feu. Annette file au rouet.*
*Moment de silence.)*

PIERRE CROSQUER *(sans se retourner)*

La nouvelle vient de m'être communiquée
Qu'en Décembre, à Paris, fut de nouveau manquée
La tentative que je suivais de mes vœux.

ANNETTE

Mais pourquoi comploter ainsi ? Moi je ne peux
Comprendre dans quel but l'on s'assemble et conspire,
La Révolution, je l'admets, était pire
Que tout ; mais cet affreux régime est renversé ;
Nous possédons un chef, l'ouragan est passé !

PIERRE CROSQUER *(se levant et avec un rire amer)*

Les mauvais temps, dis-tu ? Combien ma pauvre Annette
Du gouvernement ta notion est peu nette !
Comme bien des Français, pourvu qu'un maître fort
Dirige le pays, que, sans crainte de mort,
Que, sans trouble ni heurt tu sois sûre de vivre,
Tout est bien, tout va bien. Qu'importe si l'on livre
Sans nul droit le pouvoir au général vainqueur.
Qu'importe si le peuple exile sans pudeur
Son légitime prince en terres étrangères ;
Qu'importe enfin si par ses rudes manières
Ce jeune et nouveau chef mécontente à bon droit
L'Europe ; si la France à bout de force choit
Et se voit démembrer ! L'important est de vivre
En paix, le reste vous laisse froids comme givre.
Et celui qui donna ce calme, cette paix,
Sans rien chercher de plus on lui livre le faix
Du Gouvernement...

ANNETTE

　　　　　Mais n'est-il point préférable
D'avoir un Consulat qu'un régime semblable
Au Directoire ou bien à la Terreur ?

PIERRE CROSQUER

　　　　　　　　Jamais !
Tant que nous fûmes sous la Terreur, j'espérais.
Car, pensais-je, le bien sortira, sans nul doute,
Tôt au tard, de l'excès du mal : on se dégoûte
A la longue de voir guillotiner les gens.
« Les Français ont été trop patients, je sens

« Qu'ils vont renverser cette affreuse République
« Disais-je, et rétablir en son pouvoir antique
« Son légitime roi. » Plus d'espoir aujourd'hui ;
Pleinement le pays se confie en celui
Qui sut lui donner et le calme et la victoire.
Par lui pacifiés, par lui couverts de gloire,
Les Français l'aimant seul, en lui seul ayant foi,
Acceptent un Consul à la place d'un Roi...
Les mauvais temps, dis-tu, sont passés ? Je t'envie.
Tu ne regrettes rien. Moi qui connus la vie
Du Chouan, périlleuse et charmante à la fois,
Je voudrais encor vivre au milieu de ces bois.
Ah ! Passer tous ses jours libre dans la prairie,
Demeurer aux aguets tandis que tout est vie,
Et chanson et parfum autour de soi ! Lutter
Contre un ennemi qu'on a surpris, résister
Pendant longtemps chacun derrière un vieux chêne,
Dormir ayant le ciel pour toit, la lune pleine
Pour lampe ! Belle vie ! Ah ! Que ne suis-je mort
Dans un dernier combat, dans un dernier effort,
Plutôt que de voir en restant sur cette terre
S'évanouir du roi l'espérance dernière !

*(Moment de silence. — Pierre Crosquer se rasseoit devant*
*le feu et se remet à tisonner).*

## SCÈNE II

### LES MÊMES. — LIMOELAN

*Limoëlan est vêtu en incroyable. Chapeau noir à cocarde tricolore ; cravate et gilet bleus ; redingote orange avec grands revers blancs à fleurettes bleues et roses ; culotte jaune paille ; bas blancs ; escarpins vernis ; gants jaunes. A la main gauche un large monocle ; à la main droite un gros gourdin, « le pouvoir exécutif » comme l'appelaient les Muscadins. Il est presque méconnaissable. — Ses amis ne le reconnaissent pas. — Pendant un long moment il ne leur adresse pas la parole et inspecte la pièce, s'assurant qu'il n'y a personne et que les portes sont bien fermées).*

PIERRE CROSQUER *(laissant tomber son tisonnier)*

Quel est ce malappris ?

    *(Limoëlan continue son manège sans répondre).*

PIERRE CROSQUER *(se levant furieux et courant à lui)*

    Arrêtez, insolent !
Je suis ici chez moi ! C'est un peu violent !

LIMOELAN *(tranquillement)*

Calmez-vous, mon ami ! Vous allez bien, Annette ?

LIMOELAN

PIERRE CROSQUER *(surpris)*

Mais j'ai de cette voix une mémoire nette.

LIMOELAN *(se plantant devant lui)*

Ah ! vous croyez vraiment ?

PIERRE CROSQUER

Monsieur Limoëlan

LIMOELAN

Du calme, mon ami ! modérez votre élan

ANNETTE

Monsieur Limoëlan ! Quelle heureuse surprise !

LIMOELAN

Chut ! Songez qu'à présent je suis de bonne prise.

PIERRE CROSQUER

C'est vous, je gagerais, l'auteur de l'attentat ?
*(Limoëlan fait un signe s'assentiment).*
Mais comment êtes-vous ici dans cet état ?

LIMOELAN

Ce fut un brusque choc, un vacarme effroyable :
Je fis sans le sentir un chemin incroyable.

Comme emporté par quelque ouragan de l'été
Et je me suis trouvé tout à coup transporté
Sans.trop savoir comment sur les bords de la Seine.
La berge était tranquille ; au ciel la lune pleine
Dont la lueur d'argent dansait au fil de l'eau.
J'arrachai mes habits paysans, mon chapeau
Et je lançai le tout en plein milieu du fleuve ;
Je fis bien, car soudain, sans que je m'en émeuve,
J'entends venir des gens qui disaient en courant
Que l'habile cocher, par un brusque tournant,
Sauva seul le Consul, que sans lui la mitraille
N'eût pas épargné, non plus que sa valetaille.


PIERRE CROSQUER

Mais, à vos ennemis vous avez échappé ?


LIMOELAN

Je pense ; je serai tout à l'heure embarqué
Sur un voilier partant ce soir pour l'Amérique.


ANNETTE

Votre existence dut être vraiment critique
Depuis ces quatre mois ?


LIMOELAN

                Critique ! assurément.
D'abord les caveaux de l'église Saint-Laurent
Furent dans mon émoi mon premier refuge ;
Puis, quand chacun songea qu'à résent le transfuge

Devait avoir quitté depuis longtemps Paris,
Alors je me risquai brusquement... et partis !
Et depuis lors je mène une existence étrange.
Chaque jour (et souvent davantage) je change
Et de tête et d'habit pour pousser plus avant.
Un jour, j'étais suivi : mes ennemis devant
Mon auberge causaient, m'attendant à la porte
Et je dus me grimer si bien, de telle sorte
Qu'en habit d'incroyable alors je pus passer
Dans leur groupe en chantant et leur faisant siffler
Ma badine de jonc et d'argent aux oreilles...
A quoi me serviront tant de peine et de veilles ?
Qu'est une vie où n'est pas d'amour ni bonheur ?
Ah ! Les morts sont heureux ! Envions leur malheur !...

ANNETTE

Mais votre fiancée, elle, n'est pas venue ?

LIMOELAN

Depuis ces quatre mois je ne l'ai pas revue.
J'écrivis seulement un de ces derniers jours
Une lettre disant : « Si vous m'aimez toujours
    Nous pouvons aujourd'hui partir pour l'Amérique.
  « Je vous attends ici, dans la petite crique
  « Que vous connaissez bien. Si votre mère veut
  « Nous partirons tous trois : en Amérique on peut
  « Vivre et se marier tout aussi bien qu'en France.
  « A bientôt ! Et pour le voyage : bonne chance ! »

PIERRE CROSQUER

C'est ce que vous pouviez mieux faire évidemment.
Elle sera sans doute ici dans un moment.

Quoi de neuf à Paris ? Avez-vous des nouvelles ?

*(Limoëlan garde un morne silence).*

Votre front s'assombrit ! Les nouvelles ?...


LIMOELAN

                    Pas belles !
Le soupçon du Consul s'était d'abord porté
Sur les vieux Jacobins : ils avaient protesté
Lorsqu'on eut des Consuls dans notre République.
Et depuis, chaque jour, en réunion publique
Ils se plaignaient, prêchant la Révolution.
Mais seul Monsieur Fouché fit quelque attention
Au parti royaliste : en chef de la police,
Il avait su bien voir que si, souvent le vice
Etait comme affiché par les vieux Jacobins,
Ils étaient plus bavards que méchants ou malins.
Bien que silencieux, les groupes royalistes
Etaient plus dangereux que tous les Terroristes.


PIERRE CROSQUER *(avec anxiété)*

Mais nos amis enfin ?...


LIMOELAN *(tristement)*

                    A quoi bon le cacher ?
C'est au Ciel, maintenant, qu'il nous faut les chercher !
Tous deux sont morts lundi d'héroïque manière
Et : « Vive le Roi ! » fut leur parole dernière.
Ils pouvaient échapper : j'avais, pour les sauver,
Fait ce qu'en leur faveur je pouvais essayer.

Aucun n'a pu rester quatre ou cinq mois tranquille
Alors qu'ils risquaient tant à se montrer en ville.
*(Des coups sont frappés à la porte).*


ANNETTE *(se levant affolée).*

Cachez-vous ! On vous cherche !
*(Nouveaux coups plus violents).*


PIERRE CROSQUER

Encore ! Il faut ouvrir

LIMOELAN *(va pour se cacher puis se ravisant)*

Bah ! L'on me trouverait. Autant vaut en finir.
*(Il se dirige vers la porte et l'ouvre lui-même).*



SCÈNE III


LES MÊMES. — JEAN-LOUIS. — ANNE-MARIE


*(Anne-Marie est vêtue en petite paysanne).*
*(Limoëlan en voyant entrer sa fiancée s'élance comme pour
se jeter dans ses bras ; mais il recule en baissant la tête).*


LIMOELAN

Puis-je encore espérer, ô noble cœur sans tache.
N'être pas à vos yeux un misérable, un lâche,

Enfin un assassin vil, sinistre, odieux ?...

ANNE-MARIE *(doucement)*

Non ! Voyez mon ami, me voici dans ces lieux,
Laissant à d'autres soins ma mère bien malade,
Risquant mille dangers en semblable escapade
Et me disant l'enfant de ce vieux serviteur !
L'aurais-je fait, si je vous sentais dans mon cœur
Véritable assassin, ou seulement coupable ?
Vous fîtes preuve d'un dévoûment admirable ;
C'est l'homme de devoir que vous avez été,
Car pour l'accomplir vous n'avez pas hésité
A sacrifier et le bonheur et la vie ;
Loin de vous accuser, j'aime et je vous envie !
Et là-bas, loin de ce triste pays de pleurs
Vous avez mérité d'avoir bien des bonheurs.

LIMOELAN *(avec transport)*

Ah ! L'immense allégresse où mon esprit se noie
Nos jours ne seront plus que plaisir et que joie !

ANNE-MARIE *(le retenant)*

Attendez, mon ami, que je parle un instant.

LIMOELAN *(avec fougue)*

A quoi bon ? Nous aurons le temps en voyageant !

ANNE-MARIE

Mais vous ne savez pas ce que je veux vous dire.

*LIMOELAN*

### LIMOELAN

Bah ! qu'importe ! Partons ! Et s'il me faut souscrire
A des conditions, quel que soit leur objet
Je les accepte.

### ANNE-MARIE

Mais ce n'est pas le sujet !
*(Résolument)* Ah ! vous m'écouterez ! Il le faut ! Je le veux !

### LIMOELAN

Parlez ! Mais j'ai déjà souscrit à tous vos vœux.

*(Pierre Crosquer, Annette et Jean-Louis sortent discrètement par le fond).*

### ANNE-MARIE *(douloureusement)*

Eh bien ! Apprenez qu'il me faut rester en France !

### LIMOELAN *(atterré)*

Rester ! Ah ! vous brisez ma plus chère espérance.
Mais pourquoi donc enfin ? Quelle en est la raison ?
Votre mère, aussitôt après sa guérison,
Nous viendrait retrouver au pays d'Amérique ;
Un bateau nous attend dans la petite crique
Et vous pouvez, je crois, compter sur mon honneur
Quand je dis que pour moi vous serez une sœur
Tant que l'on n'aura pas béni notre union.

ANNE-MARIE *(d'une voix suppliante)*

Ah ! De grâce ! Cessez toute autre question
Mais il me faut rester.

LIMOELAN *(résolûment)*

C'est fort bien ! Je demeure.

ANNE-MARIE

Non ! De grâce, partez ! Près de cette demeure
J'ai vu des gens suspects qui devaient vous chercher.
Si pour l'amour de moi vous deviez achever
Vos jours sur le hideux échafaud, c'est ma vie
Qui prendrait fin aussi.

LIMOELAN

Pourquoi cela ? J'envie
Semblable mort plutôt qu'en pays étranger
Porter une douleur que ne pourra changer •
Aucun événement, puisque, sans espérance,
J'aurai laissé mon cœur sur la terre de France.

ANNE-MARIE *(avec détresse)*

Partez ! Je vous en prie !

LIMOELAN

Oui ! Moi je partirai ?
Y songez-vous

ANNE-MARIE

Partez.

LIMOELAN *(résolûment)*

Mais non ! Je resterai !

ANNE-MARIE *(d'une voix tremblante*

Eh bien ! S'il faut tout dire, armez-vous de courage :
Sachez qu'il ne faut plus songer au mariage.
Nos serments sont rompus. Sur le sol étranger
Epousez-en une autre et cessez de songer
A la femme qui tint votre cœur en servage.

LIMOELAN *(d'un ton amer)*

Trop de bonté, vraiment ! J'admire un tel courage !
Ah ! voilà la raison et le grand mot lâché !
Maintenant votre cœur, loin du mien attaché
Ne songe plus à moi : c'est un autre qu'on aime,
Plus heureux et plus riche ou Républicain même !
Qu'est ce pauvre proscrit pour faire un bel époux ?
Un va-nu-pieds, qui n'est ni brûlant ni jaloux
Qui, n'ayant ni grandeur, ni beauté, ni richesse,
Préfère une patrie, un prince à sa maîtresse !
Il est d'autres mortels plus dignes de l'amour !

*(Désignant un être imaginaire).*

Celui-ci tout d'abord qui possède en ce jour
Cinquante mille francs ou plus encor, de rente,
Par ses louches trafics au moment de la vente

7.

Des terres que l'on prit aux nobles émigrés,

   *(En désignant un autre).*

Puis cet autre, qui vit les puissants attirés
Vers lui, dès que par ses trahisons·assassines
Il livra ses parents suspects aux guillotines !... .


    ANNE-MARIE *(l'interrompant, indignée)*

Oui ! Je suis fiancée, et d'amour éternel
Et mon époux est grand, car c'est le Roi du Ciel !


    LIMOELAN *(plus doucement)*

Pourquoi m'avoir promis de partager ma vie
Si vous ne m'aimiez pas, si vous aviez envie
D'entrer au couvent sans jamais prendre un époux.


    ANNE-MARIE

Ne parlez pas ainsi ! Quittez votre courroux !
Je souffre autant que vous et davantage même.
Vous allez tout savoir et d'abord... Je vous aime !...
Quelle nuit j'ai passée après le triste soir
Où vous m'avez quittée en face du devoir !
Le lendemain au soir, je partis vers onze heures ;
C'était Noël, la foule allait vers les demeures
Où les autels venaient d'être rendus à Dieu.
Quand, ayant supplié dans ce lugubre lieu
Je vous vis inflexible et près d'être commise
Votre sombre action, je courus à l'église
Où, le front prosterné, tremblante de terreur,
Je priai, priai Dieu de toute ma ferveur.

Brusquement, j'entendis un soldat de la Garde
Qui, placé près de moi, parlant haut par mégarde,
Disait : « Les assassins viennent d'être arrêtés ! »
Mon cœur se brisa presque, et mes yeux hébétés,
Tandis que sans penser je disais des prières,
Voyaient tourner l'autel et ses mille lumières.
Je vous crus en prison, je vous crus bien perdu :
Je sentais mon esprit à se rompre tendu.
Que faire ? Rien ! Soudain une lueur ardente
Eclaira mon esprit, ma vie où tout m'enchante
Vaut, me dis-je, la sienne aux yeux de notre Dieu !
Alors je lui jurai dans cet auguste lieu,
S'il vous sauvait, d'aller m'enfermer en un cloître
Pour le remercier de laisser vivre et croître
L'être que plus que tous sur la terre j'aimais !
Vous-même, en m'apprenant que ce que j'espérais
S'est réalisé, vous m'apprenez qu'il est l'heure
De vous quitter jusqu'à la suprême demeure.
A bientôt donc, nous nous reverrons devant Dieu.

LIMOELAN *(accablé)*

Ah ! quel coup !

*(Il se laisse tomber sur une chaise, au pied du lit, la tête
dans ses mains).*

ANNE-MARIE *(s'approchant de lui et lui parlant doucement
en se penchant vers lui)*

Si je suis revenue en ce lieu,
C'est que trouvant toujours en vous honneur, franchise,
J'ai jugé cet adieu nécessaire et de mise.

*(Limoëlan garde le silence, secoué par de violents sanglots).*

ANNE-MARIE *(doucement comme à un enfant qu'on console)*

Calme-toi, mon ami, songe que le bonheur
Ne peut être ici-bas qu'une courte lueur.

*(lui montrant le crucifix qui est suspendu au-dessus du lit).*

Offre ce sacrifice au Dieu de la souffrance,
La Société ne peut tirer de toi vengeance,
Mais bien des innocents ont été massacrés.
Que des remords, par là ne soient point inspirés.
Mais tu peux bien offrir enfin ce sacrifice
Pour le mal que causa ta pièce d'artifice.


LIMOELAN *(se levant, animé d'une résolution subite)*

Puis-je me plaindre ? Eh non ! Si je vois dans ce jour
Partir ma fiancée, au fond c'est par amour !
Et puis, ma foi, mieux vaut que tout ainsi se passe ;
Ce n'est pas l'amour tel que le comprend la masse
Mais c'en est bien l'aspect le plus pur, le plus beau.
Toute ma vie, étant mon guide et mon flambeau,
Vous m'aurez pu toujours faire vivre sans tache.
Que c'est loin de l'amour qui ternit et qui gâche
Tant de monde à présent ! Puis dans mon souvenir,
Jamais, jamais vos traits ne se pourront vieillir.
Oui, vous conserverez la beauté, la jeunesse
Qu'au bienheureux séjour de beauté, d'allégresse
Je retrouverai pour toute une éternité !


ANNE-MARIE *(avec tendresse)*

Qu'allez-vous devenir ?

### LIMOELAN

Eh bien ! C'est décidé !
Oui, la France, à présent, est une République.
Il faut renoncer à mon rêve politique.
Je me ferai prêtre et bénirai le Seigneur
D'avoir mis dans ma vie une aussi belle fleur.

### ANNE-MARIE

Et, comme deux oiseaux s'élevant de la terre,
Nos âmes se joindront dans l'ardente prière
Pour ensemble monter dans l'espace infini.

### LIMOELAN

Et puis, mon idéal royaliste fini,
Il m'en faut un nouveau plus grand s'il est possible,
Car que vaut une vie étroite, en tout sensible
Sans un idéal pour l'élever et guider ?
Les animaux ont droit de toujours se courber
Et de tourner toujours leur regard vers la terre ;
L'homme a d'autres besoins, et, pour les satisfaire,
Sur terre il ne doit voir rien que l'essentiel
Et plus souvent marcher le regard vers le Ciel,
Suivant l'Etoile qu'il a su se désigner.
Eh bien, mon idéal ce sera de sauver
Dans ce pays encore infidèle et sauvage,
Les âmes que pourra rencontrer mon courage :
Ainsi mon idéal ira s'élargissant.
De même qu'au matin dans le ciel pâlissant,
Tandis que de la nuit se déchirent les voiles,
Une après l'autre on voit s'éteindre les étoiles

Laissant place à ce jour éclatant et vermeil
Que donne en s'approchant le flamboyant soleil.
De même dans ma vie obscure, sombre et triste,
Meurt petit à petit mon rêve royaliste
Pour laisser place à cet idéal bien plus beau
Qui consiste à porter le radieux flambeau
De la foi catholique en un pays barbare.

ANNE-MARIE

Ah ! Vous avez un cœur d'une noblesse rare !
Que vous.êtes un grand et véritable ami !
Vous m'avez pardonné puis comprise, merci !
J'aurais pu sans trembler vous voir aux bras d'une autre,
Mais que j'aime le noble avenir qu'est le vôtre !
*(Entrent par le fond Pierre Crosquer, Annette, Loïc).*


# SCÈNE IV


LES MÊMES, JEAN-LOUIS, LOIC

LOÏC

Monsieur il faut partir : la mer bat le rocher.
J'ai ramené ma barque ici pour vous chercher.
La forme du voilier dans la brume entrevue
Se précise déjà *(Regardant à la fenêtre)* Le voilà bien en vue
Puis les nuages vont s'amassant sur nos têtes,
Les mouettes, oiseaux précurseurs des tempêtes,
Volent en effleurant de l'aile le flot noir ;
Le temps se gâtera sans doute avant ce soir ;

Nous n'aurons pas une heure avant qu'il vente et pleuve
Et mieux vaut l'éviter si peu qu'on s'en émeuve.

*(Limoëlan reste immobile comme s'il n'avait pas entendu).*


JEAN-LOUIS *(le pressant)*

Monsieur, des gens suspects entourent la maison,
Demeurer un instant ce serait déraison.

*(Limoëlan et Anne-Marie s'étreignent et se tenant enlacés
se regardent tristement).*


LIMOELAN *(doucement)*

Je fixe en mon esprit les traits de ce visage
Pour m'en souvenir jusqu'au céleste rivage,
Car nous nous reverrons pour jouir du bonheur,
Acceptons donc encor quelque temps la douleur.
Le bonheur parfait est impossible en ce monde.
Aussi ne lui donnons qu'une place seconde.
Faisons notre devoir, c'est là l'essentiel
Et nous nous reverrons.


ANNE-MARIE *(avec foi)*

Oui, j'en suis sûre !


LIMOELAN *(très lentement et montrant du doigt le firmament).*

Au Ciel !

*(Ils s'étreignent longuement sans un mot, puis Limoëlan
sort brusquement suivi de Jean-Louis, Pierre Crosquer
et Loïc).*

## SCÈNE V

## ANNE-MARIE ET ANNETTE

*(Dès que Limoëlan est sorti on a entendu crépiter des coups
de fusil au dehors).*

ANNETTE *(courant vers la fenêtre et regardant)*

Ciel ! Des coups de fusil ! On court sur le rivage !
*(Anne-Marie, défaillante, tombe à genoux au pied du lit
devant le crucifix).*

ANNE-MARIE *(priant)*

Oh ! Sauve-le Seigneur ! Protège son courage !
Il a su t'imiter, divin crucifié !
C'est par amour pour toi qu'il a sacrifié
Sa passion, sa vie et sa belle jeunesse.
Sauve-le ! Sauve-le ! Pitié dans ma détresse !
Ah ! Frappe-moi plutôt si quelqu'un doit mourir,
Moi qui pour nul mortel ne pourrai plus fleurir
Et te suis consacrée à toi seul, loin du monde,
Mais épargne sa vie : elle sera féconde !
Il sera ton apôtre, enseignera ta loi ;
Protège sa vaillance et protège sa foi !

*(Elle se cache la tête entre ses mains et reste quelque temps
abîmée dans sa prière et sa douleur).*

## SCÈNE VI

### LES MÊMES. — PIERRE CROSQUER

PIERRE CROSQUER *(avec entrain)*

L'homme est sauf! Il a pu s'embarquer sans encombre,
Le bateau prend le large et disparaît dans l'ombre.

*(Anne-Marie se lève et fait quelques pas en chancelant l'air
égaré, comprimant les battements de son cœur)*

### ANNE-MARIE

Sauvé !... Merci, mon Dieu d'un semblable bonheur...
— Sauvé !... Merci !... C'est trop... trop pour mon pauvre
[cœur !

*(Elle tombe comme une masse).*

PIERRE CROSQUER *(après s'être penché sur elle)*

Elle est morte ! Et déjà retrouve sans souffrance
Le Dieu qui fut toujours sa suprême espérance !

(Le rideau tombe).

## FIN

Étampes. — Imp. « La Semeuse ». — 28.663

Etampes Imp. " La Semeuse " 28,663

www.ingramcontent.com/pod-product-compliance
Lightning Source LLC
LaVergne TN
LVHW011443180726
843503LV00004BA/1370